涉村镇志

郑州市名镇志文化工程

郑州市地方史志编纂委员会　主办
郑州市地方史志办公室　编著

中国水利水电出版社
www.waterpub.com.cn
·北京·

图书在版编目（CIP）数据

涉村镇志 / 郑州市地方史志办公室编著. -- 北京 : 中国水利水电出版社, 2020.12
（郑州市名镇志文化工程）
ISBN 978-7-5170-9129-5

Ⅰ. ①涉… Ⅱ. ①郑… Ⅲ. ①乡镇－地方志－郑州 Ⅳ. ①K296.15

中国版本图书馆CIP数据核字(2020)第247056号

审图号：豫S〔2020年〕024号

总 策 划：营幼峰　王厚军
选题策划：马爱梅　宋建娜　李慧君
责任编辑：罗　汐

	郑州市名镇志文化工程
书　名	涉村镇志
	SHECUN ZHEN ZHI
作　者	郑州市地方史志办公室　编著
出版发行	中国水利水电出版社
	（北京市海淀区玉渊潭南路1号D座　100038）
	网址: www.waterpub.com.cn
	E-mail: sales@waterpub.com.cn
	电话:（010）68367658（营销中心）
经　售	北京科水图书销售中心（零售）
	电话:（010）88383994、63202643、68545874
	全国各地新华书店和相关出版物销售网点
排　版	北京金五环出版服务有限公司
印　刷	北京印匠彩色印刷有限公司
规　格	184mm×260mm　16开本　16.25印张　287千字
版　次	2020年12月第1版　2020年12月第1次印刷
定　价	98.00元

（注：图内行政界线不作为实际划界依据）

涉村镇地图

涉村镇俯瞰　马健　摄

生态涉村／杨元来 摄

焦唐高速　崔炎增　摄

五指岭　石松峰　摄

天路　王军　摄

郑州市名镇志、名村志、名街志编纂委员会

《涉村镇志》编纂委员会

序

2018年以来，郑州市地方史志办公室（以下简称“市史志办”）认真学习贯彻落实习近平总书记关于加强修史修志工作重要论述精神，在中国地方志指导小组办公室河南省地方史志办公室的指导、支持下，围绕服务郑州国家中心城市大局，提高政治站位，推进创新发展，以郑州市名镇志、名村志、名街志文化工程为抓手，积极探索基层志书编纂体制机制创新的有效途径，努力打造新时代精品佳志。市史志办相继完成了35部乡镇志、村志和街道志的编纂出版工作。这是郑州市坚持以习近平新时代中国特色社会主义思想为指引，贯彻落实《全国地方志事业发展规划纲要（2015—2020）》要求，推动地方志事业高质量发展、发挥存史资政育人职能作用的一项重要成果。市史志办的主要做法是：

坚持正确导向，突出时代主题。市史志办在镇志、村志、街道志编纂中，力求全面、客观反映党史、新中国史、改革开放史、社会主义发展史在郑州的辉煌业绩，记录郑州从一座古老的城市发展成为国家中心城市的历史进程，阐释中华文明、中原文化在郑州这座城市的文明形态起源、嬗变和现代转型。聚焦黄河文化、商都文化、黄帝文化、河洛文化、嵩山文化和二七精神等重要的城市文化名片，市史志办组织编纂了管城区《东大街街道志》《西大街街道志》《城东路街道志》，二七区《德化街道志》，金水区《杜岭街道志》，上街区《峡窝镇志》《方顶村志》，巩义市《回郭镇志》《大峪沟镇志》《康店镇志》《河洛镇志》《站街镇志》《小关镇志》《米河镇志》《涉村镇志》《海上桥村志》，新郑市《孟庄镇志》《新建路街道志》，荥阳市《汜水镇志》，惠济区《古荥镇志》，中牟县《雁鸣湖镇志》，新密市《刘寨镇志》，登封市《告成镇志》等基层志书。市史志办尝试从方志学的角度描述、分析这些文化的历史演进，宏大叙事与微观剖析并重，讲述方志故事，凝聚城市精神，发现并彰显这些深藏在街道社区、乡村田野里的城市文化根脉。

坚持质量标准，规范编纂流程。我们认真贯彻落实《郑州市地方志工作规定》要求，明确各级地方志工作机构与编纂单位分工负责，针对每部志稿都成立了专门编纂机构，专班推进，形成了一级抓一级、层层抓落实，踏石留印、抓铁有痕的工作格局。遵循地方史志工作的基本原则，把质量视作名镇名村名街志编纂的生命线，对每部志书严把政治观、史实关、体例关、文字关、出版关和印刷关。为提高编纂专业水平，市史志办邀请中国地方志指导小组办公室、河南省地方史志办公室指导工作，并与国内知名高校合作，采取集中培训、案例教学等形式，面向修志业务人员，结合实际答疑解惑，较好地统一了修志原则和基本规范。同时，市史志办与中国水利水电出版社紧密协作，按照中国名镇志、名村志、名街志文化工程的质量标准，开展全方位深度合作，搭建专业服务平台，合力推进精品工程建设。

拓展方志视野，创新编纂方式。市史志办积极适应进入“读图时代”的现代读者需求，在锤炼文字表达的同时，特别突出了“图像存史”的作用。市史志办与河南省美术家协会合作，组织一批在省内乃至全国有影响的优秀画家，深入基层开展采风创作，用画笔描绘郑州美丽乡村和城市现代街区风貌。市史志办要求编纂单位注意对优秀美术作品的资料收集，如巩义籍著名画家陈天然、徐小龙等长年扎根农村基层，创作出一批表现浓郁乡土风情的优秀美术作品，许多作品收录入相关志书，成为熠熠生辉的亮点。中共郑州市委宣传部外宣办，河南日报新闻图片有限公司，郑州日报社及市、县（市）区摄影家协会等单位和许多优秀、敬业的摄影家，为市史志办提供、创作了大批精彩的摄影作品，与志书篇章结构和语言文字同步配合，形成了一个全新的图像叙事语言体系。这已不是简单的配图、插图、图文并茂，而是把图像证史、存史放在了编纂方式创新的维度上来考量其价值与意义。

提高学术品质，丰富志书内涵。市史志办借鉴人文地理学和社会学的调查研究方法，在中原区委、区政府的支持下，组织编纂了该区《西流湖街道志》《中原西路街道志》《桐柏路街道志》《三官庙街道志》《棉纺路街道志》《绿东村街道志》《林山寨街道志》《汝河路街道志》《航海西路街道志》《须水街道志》《秦岭路街道志》《建设路街道志》12部街道志，对一个行政建置区域的政治、经济、文化、社会、生态建设状况，特别对自中华人民共和国成立以来各个历史时期的发展做了全方位的较完整记述。这些街道志组成了一个美丽的“方志拼图”，从中可以清晰地看到中原区从一个传统的城郊农业区，在中华人民共和国成立初期形成郑州市的市级行政中心、文化中心和现代工业区，改革开放以来经过国企改革的华丽“蝶变”转型升级为现代化宜居宜业新城区的时空轨迹。市史志办与郑州大学建筑学院合作，开展传统村落与民居保护和城市街区建筑文化专项调查，形成了一批研究成果并在编纂中予以重点展示。郑州市是中华文明探源工程、夏商周断代工程等考古研究的重点区域，拥有世界文化遗产登封“天地之中”历史建筑群和诸多国家重点文物保护单位，各类历史文化遗迹俯拾即是。在文物部门的大力支持下，市史志办在相关志书编纂中，注意收录考古最新发现及研究成果，以丰富志书编纂的文化内涵。

坚持统筹规划，分层扎实推进。市史志办坚持依法治志的基本原则，依法推进各项编纂组织管理工作。一是建章立制，科学管理。结合编纂实际，理顺管理体制和运行机制，明确了市、县、乡、村在志书编纂中的各级权责，分级负责与属地管理有机结合，最大限度地形成合力、统筹推进。市史志办把这项工作作为一项硬任务，年初及时向市委市政府报告列入年度工作计划、列入财政预算，并与各县（市）区协商制订工作计划，按节点有序推进。二是统一规划，明确目标。市史志办要求各县（市）区本着精品至上、宁缺毋滥的原则确定选题规划，突出“名”和“特”，建立编纂项目库，集中力量，抓出精品，锻炼队伍，探索经验。三是分类指导，有的放矢。根据各县（市）区申报的选题计划，市史志办进行实地考察和逐一分析，建立选题库，原则上每年规划指导编纂 10 部，出版 5 部志书。在整体过程中，实施有效的分类管理，进度服从质量，不搞“一刀切”，因地制宜，精准发力，推动这项工作积极稳妥、健康有序开展。四是重点突破，严把关口。市史志办以出版为时间节点，倒排工期，提出每部志书要认真把好四个关口：首先，每部志书的承编单位要严格按照既定的编纂体例完成初稿，做到篇目完整、材料充分。其次，各县（市）区史志工作机构要组织相关部门召开评审会，重点把好政治关、史实关，确保在民族、宗教、保密等重大问题上不出偏差，在内容材料上客观真实、准确无误。第三，由市史志办协同组织出版社、承编单位和专家学者，对稿件进行集中修改审定，群策群力，解决每部志书在内容、体例、语言等方面存在的问题，基本完成定稿。第四，出版社按照所签订的合作协议，编辑出版关口前移，签订协议后，提前介入每部志书的具体编纂指导、审定等工作，确保出版进度和质量。

坚持深入调研，解决实际问题。在地方志事业转型升级创新发展的进程中，转变思想观念、转变发展方式是全面的、深层次的变革。在推进名镇志、名村志、名街志文化工程工作中，市史志办深感地方志工作“一纳入、八到位”不能仅停留在一般性的“纳入”和“到位”上，应该以问题为导向，深入调查研究，切实解决党委政府重视支持、人力财力保障等基层反映强烈的实际问题。一是积极争取各级党委政府支持。名镇志、名村志、名街志的编纂主体是市县乡各级党委政府及其地方史志管理工作机构，是“官修”而非私修。因此，编纂名镇志、名村志、名街志是在各级党委政府领导和支持下、由各级地方史志工作机构负责牵头组织开展的。市史志办在调研中深刻体会到，名镇志、名村志、名街志的编纂过程既是一个部门的业务推进，也是向各级党委政府汇报地方史志工作转型升级创新发展的形势任务、争取更大支持，解决实际问题的工作契机。二是切实解决好钱从哪里来。名镇志、名村志、名街志文化工程是郑州市组织推进的一项重点文化项目，市史志办明确不向乡镇村基层摊派经费增加负担，按照财政分级管理的原则，积极向市政府和财政部门争取项目专项资金，解决编纂出版印刷等各项工作中的费用。各县（市）区负责组织编纂志书初稿的费用，经郑州市地方史志办公室审定、出版社认可达到编辑出版要求，之后的费用由郑州市地方史志办公室负责申请市财政审核拨付。对名镇志、名村志、名街志编纂出版试行项目化资金管理，明确资金来源，严格预算管理，有助于形成一级抓一级、层层抓落实的长效工作机制。三是形成合力众手成志。把名镇志、名村志、名街志打造成为堪存堪鉴的精品志书，仅靠现有的史志工作机构是难以实现的。目前，我们面临的困难是多方面的，既有青黄不接、人才短缺，也有研究不足、经验匮乏。一些社会力量参与到基层志书、年鉴的编纂工作中，存在着政治站位不高、政策把握不准、水平参差不齐等问题。但是，市史志办在调研中也看到，社会各界对参与编修名镇志、名村志、名街志有较高的积极性、主动性，许多基层村镇表示愿意借助这项工作打造文化品牌，推动当地经济社会发展。因此，在今后编纂工作中，要坚持从凝聚共识入手，着力形成团结一致、高效运转的强大合力，构建优势互补、复合型、专业化的新型协作体系。

以上是市史志办在郑州市名镇志、名村志、名街志文化工程中的一些尝试，不足之处敬请批评指正，以便在今后工作中认真加以改进。

郑州市地方史志办公室

2020 年 10 月

凡 例

一、指导思想　以马克思列宁主义、毛泽东思想、邓小平理论、“三个代表”重要思想、科学发展观、习近平新时代中国特色社会主义思想为指导，坚持辩证唯物主义和历史唯物主义的立场、观点和方法，存真求实，全面、客观、系统记述中国名镇城镇化进程和改革开放成果，传承和抢救乡土历史文化，激发爱国爱乡情怀，留住乡愁，为探索中国特色新型城镇化建设、服务乡村振兴战略提供历史智慧和现实借鉴。

二、质量要求　参照中国地方志指导小组印发的《地方志书质量规定》执行。在坚持志体的前提下，体裁运用、篇目设置、资料选择等作适当创新。内容以记载镇域范围内的微观资料为主，详市县志之所略。根据不同类型名镇的特点，记述域内自然、政治、经济、文化、社会的历史与现状，重在突出当地“名”与“特”的内涵，从而达到执简驭繁、文约事丰、易于阅读、利于普及的目的。

三、时间断限　为全面反映入志事物发展脉络，各志上限追溯至事物发端，下限一般断至各镇志启动编修年份，个别重大事项可延至搁笔。详今明古，着重反映时代特色和地方特点，重点体现各镇的“名”与“特”。

四、记述范围　记述地域范围以下限年份的行政辖区为主。为体现名镇在更大区域内的意义，可以从更开阔的区域视野记述与该镇相关的内容。

五、总体结构　统一采用纲目体，设类目、分目、条目三个层次。横排门类，纵述史实。所设类目除《中国名镇志丛书基本篇目》要求的必设内容外，个别事项根据本镇实际情况适当作升格或降格处理。

六、体裁形式　综合运用述、记、志、传、图、表、录等各种体裁，以志体为主。体裁运用适当创新，篇目设置不求面面俱到，一般意义上的乡镇级内容可简略记述。

七、语言文体　除引用文字和附录文献资料外，统一使用规范的现代语体文记述，行文力求朴实、严谨、简洁、流畅，具有较强可读性。

八、人物载录　人物类目设人物传略、名人与 ×× 镇、人物表录等分目。人物传略遵循“生不立传”原则，选录对本镇发展有重大影响者，按生年排序。名人与 ×× 镇记述在政治、经济、文化、社会等方面有重大影响的著名人物（政治家、艺术家等）在本镇的活动历史片段。同时，在其他类目中采用以事系人的方式介绍人物。

九、图照表格　志中随文配图，图下设文字说明，图文并茂。表格统一编排序号。

十、数据　各项数据一般采用国家统计部门数据。数据缺乏的，采用主管部门或主办单位正式提供的数据。

十一、计量单位　采用国务院 1984 年 2 月发布的中华人民共和国法定计量单位。历史上使用的计量单位，如斗、石、里、尺、磅、华氏度等，在引文时照录，并以类目为单位首次出现时应加注。

十二、纪年　中华民国成立前的纪年，使用朝代年号纪年，括注公元年份；中华民国成立后的纪年，均使用公元纪年。志中所称“解放前（后）”，以该镇解放日为界；“新中国成立前（后）”，以中华人民共和国成立日 1949 年 10 月 1 日为界；“改革开放前（后）”，以 1978 年 12 月中共十一届三中全会召开为界。“×× 年代”，凡未加世纪者，均指 20 世纪。

十三、称谓　记事概以第三人称记述。人名直书其姓名，必要时冠以职务职称。地名以现行标准地名为准。如使用历史地名，于首次出现时括注现行地名。各个历史时期的党派、团体、组织、机构、职务等均以当时名称为准。对于称谓过长而又频繁使用者，于首次出现时使用全称并同时括注简称，之后使用简称。

十四、数字、标点　遵循国家标准和出版规定，志中数字书写以 GB/T 15835—2011《出版物上数字用法》为准，使用标点符号以 GB/T 15834—2011《标点符号用法》为准。

十五、注释　行文中的注释，一律采用页下注；附载文章于篇后注明资料来源。

十六、本凡例对于各镇志编纂中的未尽事宜，在“编纂始末”中予以说明。

目　录

概述

涉村镇俯瞰　马健　摄

涉村镇地处巩义市东南部山区，巩义、新密、登封三市交界，距省会郑州 83 千米。镇域面积 115 平方千米，辖 29 个行政村，184 个村民组，4.2 万人。1992 年涉村镇撤乡建镇，是巩义市中心镇之一，2019 年涉村镇进行城乡规划，确定了以生态旅游、农业观光为主导，兼顾工贸发展的综合性城镇发展定位。

一

自然环境优美。涉村镇地势东高西低，中间为丘陵川地，境内坞罗河、后寺河过境向西，汇入伊洛河。全镇最高点五指岭鸡鸣峰海拔 1216 米，最低点涉村河床 302 米。南为嵩山山系，北为五指岭山系，层峦叠嶂，峡谷罗列，有国家级公益林 3.2 万亩，省级公益林 6800 亩，森林覆盖率 65% 以上。有盘龙山、五指岭、杨家寨、九龙峡、蒲池、九莲洞等 58 处自然旅游资源。

焦唐高速、S235 穿境而过 马健 摄

交通优势明显。境内有焦唐高速公路、S235 省道、S234 省道穿境而过，紧邻连霍高速、郑少高速、商登高速，通达四方。

矿产资源丰富。已探明矿产资源 20 余种，其中煤炭、铝矾土、石灰石、铁矿石等储量较大，工业企业以矿产资源开采和加工为主。

历史文化厚重。境内有元代黑山头寨、明代平定寺、清代东大庙等文物胜迹；豫西抗日先遣支队司令部、巩县抗日民主政府等红色旧址。境内“石居文化”资源丰富，现存石居院落 1986 个，石窑 5703 间。

二

依托矿产资源和交通区位优势，涉村镇工贸企业发展势头良好。涉村镇的工业最早可追溯到明朝的采煤业，民国时期，上庄曾开办煤窑 11 家。1956 年，开封专署投建上庄煤矿，

黑山头寨　李东卓　摄

豫西抗日先遣支队司令部旧址　王秀清　摄

石居部落民宿　白冀　摄

设计能力45万吨。1977年，上庄煤矿年产量达65万吨，上缴利税在全县名列前茅，发明的“恒底式分层采煤法”荣获河南省科技进步一等奖。1978年改革开放后，一大批镇办、村办集体企业和私营企业应运而生，逐步形成了煤炭、建材、耐材、机械、采矿五大产业，1993年，全镇拥有各类企业948家，总产值突破2亿元，被列为郑州市30强乡镇和郑州市小康镇。2019年，商业区面积达到25万平方米，有个体工商户2200余家，年营业额10亿元，成为巩义市东南部山区最大的物资集散地。

加快产业转型升级。涉村镇落实巩义市“一心两翼”全域旅游发展战略，借助巩义市创建国家旅游示范区发展机遇，打造精品乡村游、红色旅游线路。2016年，利用北庄村传统民居石窑资源开发石居部落民宿项目，2017年获得全国民宿博览会优质民宿推荐奖。2020年，引进上海聚期资产管理有限公司五指岭国际旅游度假区项目、河南宿联旅游发展有限公司“山水隐庐”项目，总投资5.5亿元。逐步形成了以豫西抗日先遣支队司令部旧址为支撑的红色旅游片区，以石居部落为支撑的北庄、南庄、罗泉石居民宿片区，以五指岭国际旅游度假区为支撑的五指岭、洪河、三峪河文化旅游片区，以“山水隐庐”为支撑的吴沟、西沟、大南沟休闲度假片区。

五指岭国际旅游度假区　刘客白　摄

大南沟休闲度假片区　马健　摄

涉村镇围绕特色农产品种植，加快农业产业化进程。从20世纪60年代开始，先后兴建洪河水库、桑树沟水库，修砌干渠、建提灌站、开凿机井、挖蓄水池，不断改善农田水利设施，全镇5000余亩丘陵旱地得到灌溉，粮食亩产由100多斤提高到600多斤。改革开放后，农民种植理念转变，开始大规模种植烟草、金银花、太阳杏、核桃等经济作物。2017年，依托西沟特色花椒加工带来的经济效益，涉村镇打造万亩花椒基地，2019年，打造了5000亩中药材基地、5000亩小杂果基地，通过集约经营、品牌打造，实现了农业增效，农民增收。

三

城镇建设步伐加快。大力实施乡村振兴战略，通过文明镇、卫生镇、美丽镇“三镇联创”，镇区基础设施、群众文明素质极大改善。镇域范围内有污水处理厂2个，21个村实施改水改厕；建成村组道路40余千米；蟠龙小区700套住房投入使用，13个无主楼院引入物业管理；15个村实施天然气入户。涉村镇投资9000万元建设西沟、大南沟、后村等8个省、市级美丽乡村，大南沟村成为全市第一个实现改水改厕、燃气入户、三线入地的行政村。群众生活环境焕然一新，生活质量明显提高。

社会事业全面发展。教育水平不断提升，全镇有镇办初中1所，小学4所，幼儿园6所。文化基础设施不断完善，建成镇综合文化站和29个村民文化大院，镇区附近有文化广场游园4处；成立群众文化团体60多个，群众文化生活丰富多彩。全镇有卫生院

2个，村级卫生所29个，在职卫生技术人员59人。镇敬老院1个，生活设施一应俱全。脱贫攻坚扎实推进，实施精准扶贫项目92个，基础设施全面提升；发展花椒、中草药特色种植，带动贫困户脱贫致富；落实就业、金融、光伏、异地搬迁等一系列扶贫政策，实现了贫困村、贫困户全部清零。

党的十八大以来，涉村镇坚持以习近平新时代中国特色社会主义思想为指引，树牢新发展理念和以人民为中心的发展思想，围绕加快郑州国家中心城市建设，突出“生态美、文化美、人居美、产业美”，建设生态、宜居、美丽新涉村。

涉村镇镇区　马健　摄

基本镇情

建置区划

镇名由来

涉村处于罗川腹地，地势低缓，雨季百壑归流，行人穿境需涉水过往，故名涉村。

建置沿革

明洪武十三年（1380 年），巩县划为九保二十九里，涉村属罗口保。

清乾隆四十九年（1784 年），巩县改为仁义、礼智 2 里，涉村属礼智里。

清道光元年（1821 年）巩县划分为仁、义、礼、智、信 5 里，涉村属礼里。

1912 年，巩县划分为五里十区，涉村属礼里芝田区。

1935 年 8 月至 1941 年，巩县划分为 3 个区署，涉村属第二区署。

1944 年 10 月，巩县抗日民主政府成立，涉村属巩县抗日民主政府第二区政府。

1948 年 4 月，巩县解放，设立 8 个区，下辖 214 个行政村。涉村属巩县第六区（涉村区），辖核桃园、涉村、夹津口 3 个乡，及东村、小官庄以东 6 个村，共 29 个村。

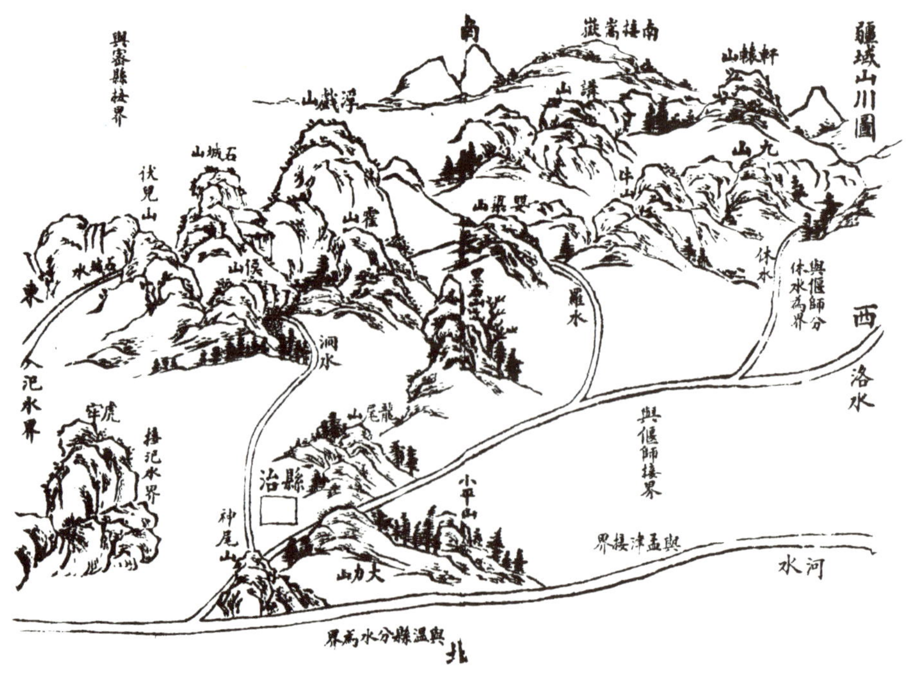

巩县疆域山川图　乾隆《巩县志》（1923 年铅印本）

1956年1月，巩县撤区并乡，全县划分为81个乡，其中设27个中心乡，涉村是中心乡之一。

1957年8月，恢复涉村区。

1958年8月，涉村成立上游人民公社，夹津口成立超英人民公社。

1959年3月，上游人民公社、超英人民公社合并，称涉村人民公社。

1961年，恢复区建制，涉村区辖核桃园、涉村、夹津口、韵沟、洪河5个小公社。

1963年2月，撤销小公社，核桃园、涉村、夹津口、韵沟、洪河5个小公社合并，称涉村人民公社。

1975年3月，原涉村人民公社分为涉村、夹津口、核桃园3个人民公社。

1983年12月，改制为乡，涉村人民公社改称涉村乡。

1990年3月，撤乡建镇，涉村乡改称涉村镇。

2005年10月，区划变更，桃园镇并入涉村，统称涉村镇。

所辖村庄

羊角沟村 位于涉村镇南部，距巩义市区30千米。因羊角沟由两条山谷组成，呈羊角状，故名羊角沟。辖窑粮坑、羊角沟、黑沟3个自然村，9个村民组，443户，1576人。主要姓氏有刘、崔、李、位、韩、曹等。

羊角沟村 张建军 摄

凌沟村 位于涉村镇南部，距巩义市区 22 千米，原名龙泉沟，明朝嘉靖年间（1522—1566 年），长葛巨族凌会送养子到该处菩提寺拜师出家，并装修神像、庙宇，凌会在此定居直至去世，人们便将龙泉沟更名为凌沟。辖 4 个自然村，10 个村民组，634 户，2343 人。主要姓氏有韩、袁、张、王、杨等。

南沟村 位于涉村镇南部，距巩义市区 20 千米。因位于涉村河南部山谷而得名。因矿山开采，部分居民迁入镇区南沟新村。辖 3 个村民组，375 户，1364 人。主要姓氏有李、魏、王、裴、翟等。

西涉村 位于涉村镇西部，距离巩义市区 20 千米，为原巩县第六区人民政府所在地。因该村位于涉村片村西部，故名。辖 9 个村民小组，916 户，3298 人。主要姓氏有李、王、翟、康、刘等。

后村村 位于涉村镇镇区中心，为镇政府所在地，S235 省道穿村而过，距巩义市区 19 千米。因该村古时建有金山寺，村民多在寺后居住，故名后村。辖 8 个村民组，607 户，2081 人。主要姓氏有李、张、刘、裴、罗、王等。域内东大庙为河南省级文物保护单位。

凌沟村 马健 摄

南沟村　李建锋　摄

西涉村　曹振普　摄

后村村　马健　摄

东涉村　位于涉村镇东南部，距巩义市区 22 千米。因位于涉村东部而得名。辖 8 个村民组，610 户，2310 人。主要姓氏有翟、李、康等。高崖泉位于该村，向西流入坞罗河。域内豫西专员公署旧址为巩义市级文物保护单位。该村是郑州市市级生态村。

前窑村　位于涉村镇东南部，距巩义市 20 千米。因该村地处姜沟河前段，民居多为窑洞，故名。辖 4 个自然村，6 个村民小组，413 户，1491 人。主要姓氏有曹、翟、王、刘等。

东安村　位于涉村镇北部，距巩义市区 26 千米。焦唐高速从村北经过。因地处姜沟河东侧河湾，原名东湾，后称东安。辖东安街、里河口、上岭、前武当 4 个自然村，6 个村民组，433 户，1119 人。主要姓氏为姜、李、曹、刘、王、席等。域内巩县第二区抗日民主政府旧址为巩义市文物保护单位。

西坡村　位于涉村镇北部，距巩义市 20 千米。因位于姜沟河西坡，故名。辖 3 个自然村，6 个村民组，284 户，986 人，主要姓氏有姜、李、翟、石、王、田等。

南庄村　位于涉村镇北部，距巩义市区 20 千米。因该村位于太平路南侧而得名。辖 5 个村民组，331 户，1104 人。主要姓氏有康、杨、周等。

东涉村　曹振普　摄

前窑村　马健　摄

东安村　韩新红　摄

西坡村　马健　摄

南庄村　马健　摄

北庄村　位于涉村镇西北部，距巩义市区 20 千米。北庄村和南庄村原为一个村，称太平头，后以太平路为界分为两个村庄，北庄地处太平路北，故名。辖 2 个自然村，7 个村民组，577 户，2105 人。主要姓氏有康、杨、李、王、姜、常等。该村是河南省美丽乡村、河南省特色旅游村、河南省卫生村。

罗泉村　位于涉村镇西北部，距巩义市区 18 千米。因村有六眼山泉而名六泉，后称罗泉。辖 5 个自然村，9 个村民组，442 户，1535 人。主要姓氏有吕、柴、姜、位等。

浅井村　位于涉村镇东 1.5 千米处，距巩义市区 27 千米。因地下水源丰富，打井几尺便可见水，故名。辖 5 个自然村，8 个村民组，876 户，2987 人。主要姓氏有翟、刘、张、牛等。域内豫西抗日军政、行政干校旧址为郑州市级文物保护单位。

上庄村　位于涉村镇东部，距巩义市区 25 千米。因该村位于罗川北岸上侧，故名上庄。辖 5 个自然村，10 个村民组，1016 户，3528 人。主要姓氏有丁、李、蔡等。域内豫西抗日先遣支队司令部旧址为河南省级文物保护单位；巩县抗日民主政府旧址为郑州市级文物保护单位；豫西地委党校旧址为巩义市级文物保护单位。

北庄村　马健　摄

罗泉村　朱广健　摄

浅井村　曹振普　摄

上庄村　曹振普　摄

洪河村 位于涉村镇东南部，距离巩义市区 30 千米。因该村有河曰洪河，故名洪河村。辖 14 个村民组，688 户，2309 人。主要姓氏有姜、曹、刘、张、田、牛等。域内黑山头寨为郑州市级文物保护单位；豫西抗日先遣支队野战医院旧址为巩义市级文物保护单位。

桃园村 位于涉村镇东部，距巩义市区 26 千米，为原桃园镇政府所在地。辖 6 个村民组，432 户，1701 口人。主要姓氏有张、罗、李、赵、王、岳等。

北坡村 位于涉村镇东南部，距巩义市区 25 千米。原属桃园村，因地处桃园北部山坡，故名。辖 8 个自然村，4 个村民组，170 户，613 人。主要姓氏有翟、丁、张等。

王庄村 位于涉村镇东北部，距巩义市区 28 千米。因王姓最早在此地定居，故名王庄。辖 4 个村民小组，186 户，745 人。主要姓氏有丁、晁、张、蔡、刘等。

涌泉村 位于涉村镇东南部，距巩义市区 28 千米。因该村有水流从地下自涌而取名涌泉，以泉名村。辖 8 个村民组，485 户，1726 人。主要姓氏有翟、李、王、杨等。该村是河南省卫生村。

大南沟村 位于涉村镇东南部，距巩义市区 28 千米。该村原位于上庄村南部，取名上庄南沟，后改称大南沟村。辖 4 个自然村，4 个村民组，311 户，1154 人。主要姓氏有丁、

洪河村 马健 摄

桃园村　马健　摄

北坡村　马健　摄

王庄村　马健　摄

涌泉村　曹振普　摄

大南沟村　赵豪杰　摄

李、司、刘、康等。

吴沟村　位于涉村镇东南部，距巩义市区 30 千米。因吴姓最早定居此地，故名吴沟村。辖 3 个村民组，92 户，328 人。主要姓氏李、宋、翟等。该村是郑州市级林业生态村。

西沟村　位于涉村镇东南部，距巩义市区 28 千米。原属郭峪村，因地处郭峪西部山谷，故名。辖 8 个村民组，253 户，957 人。主要姓氏有翟、王、李、赵、杨、马等。该村是河南省级生态村、河南省级卫生村、郑州市级文明村。

郭峪村　位于涉村镇东南部，距巩义市区 27 千米。因郭姓最早居此而得名。辖 3 个自然村，2 个村民小组，217 户，835 人。主要姓氏有翟、李、郑、王、刘等。

方家闲村　位于镇区东部，距巩义市区 27 千米。方家闲原属寺郭大队，原名雪凹，1975 年分村后，设立车站，取名方家闲，以车站名村。辖 4 个自然村，4 个村民组，180 户，701 人。主要姓氏有方、王、宋、李、张等。

寺坪村　位于涉村镇东南，距巩义市区 28 千米。因该村地处岗陵坪地，平定寺位于该村，故名。辖 4 个村民组，281 户，1079 人。主要姓氏有李、田、杨、范等。域内平定寺为巩义市级文物保护单位。

吴沟村　马健　摄

西沟村　马健　摄

郭峪村、方家闸村　马健　摄

寺坪村　马健　摄

五指岭村 位于涉村镇东部，距巩义市区 44 千米。因该村地处五指岭，故名。五指岭辖 14 个自然村，5 个村民组。居民 178 户，617 人。主要姓氏有张、赵、李、王、韩等。

三峪河村 位于涉村镇东南部，距巩义市 36 千米，因地处大峪、二峪、南沟三条河交汇处，故名。辖 10 个村民组，380 户，1285 人。主要姓氏有张、王、李、赵等。

黑沟岭村 位于涉村镇东北部，距巩义市区 34 千米。因此地有黑沟河，村民居住在岭上，故名。辖 3 个村民组，72 户，276 人。主要姓氏有姜、王、宋、刘、翟等。

桑树沟村 位于涉村镇东北部，距巩义市区 26 千米。因该村村口有一棵大桑树，故名桑树沟。辖 2 个村民小组，109 户，361 人。主要姓氏有翟、张、李、姜等，该村是河南省级卫生村。

五指岭村 来书祥 摄

三峪河村　马健　摄

桑树沟村　马健　摄

黑沟岭村 马健 摄

自然环境

地理位置

涉村镇位于巩义市东南，地处东经 113°，北纬 34°40′ ，镇域面积 115 平方千米。

地　形

涉村镇东高西低，周围环山，地形可分为盆地、高岗丘陵、高山地带三个层次，盆地面积约 20 平方千米。西涉、东涉、后村、东安、西坡、前窑、浅井、上庄、桃园等村海拔均在 700 米以下；北部的罗泉、南庄、北庄、洪河、北坡、王庄，南部的凌沟、南沟、涌泉、吴沟、西沟、大南沟，及东部的寺坪、方家闲、郭峪等村，为海拔在 700 米以上的高岗丘陵；南部的羊角沟地段和东部的五指岭一带，为海拔 800 米以上的高山地带。域内山峪比较发育，有名峪沟为大峪、二峪、三峪、雪凹。

涉村镇高岗丘陵　曹振普　摄

涉村镇高山地带　刘文东　摄

山 脉

讲　山　位于嵩山北麓，属嵩山山系。以南横岭为骨架，呈东西走向，大台沟、乱梅沟、夹洛沟、大泉沟等沟岭相间、纵向排列，由南向北依次下降为丘陵，羊角沟东部的红灯山为讲山最高峰，海拔 1125 米。

五指岭　古称方山，亦称浮戏山。山上有一峰，五个石柱并立，状如五指，故名。海拔皆在千米以上，东接新密、南邻登封，山峦起伏，沟壑纵横。鸡鸣峰海拔 1216 米，为其最高峰。

婴梁山　位于镇北，东西走向，自小平顶山始，经枣园山、过红石嘴至坞罗河东岸止。《山海经》载："讲山北三十里曰婴梁山，上多苍玉，埻于玄石，镦于乐器，形似锥头。"《河南府志》注："婴梁山在讲山北、牛山东，与牛山中夹罗水，水出峡处谓之罗口。"

盘龙尖　属青龙山系，山势陡峭，奇峰兀立，海拔 1021 米，为青龙山慈云禅寺五十三峰胜景之一。《河南府志》载："浮戏北，有双峰高峙，俗呼盘龙双尖。"巩义市慈云寺碑铭曰："山之为势，穹窿高耸，玉润云翔，犹若盘龙之状。"

讲山　马健　摄

五指岭　刘体宽　摄

婴梁山　马健　摄

盘龙尖　王秀清　摄

黄家山　马健　摄

鸡冠山　王秀清　摄

黄家山　属青龙山系，位于涉村北部，山势雄伟，海拔 1043 米，为涉村北部最高峰。山顶一古寨，相传宋代杨家兵将在此驻守，故名杨家寨，遗存有古寨墙和练兵场。

鸡冠山　属青龙山系，位于涉村东北部，海拔 1020 米。因山顶数峰突出，呈鸡冠状，故名。东临伏羲山大峡谷，南临后寺河，山势陡峭，怪石嶙峋。

气　候

涉村镇属温带大陆性季风气候。冬季气温偏低，干燥寒冷，温度在 -20℃ ~16℃，南北山区及五指岭地区温差明显。夏季高温多雨，季风盛行，气温在 26℃ ~35℃，最高达 40℃。春夏多东南风，秋冬多西北风，风力可达六级以上。

全年日照时数为 2340 小时，无霜期年平均 234 天，平均气温在 9.6℃左右。

涉村之春　刘成武　摄

涉村之夏　王洪涛　摄

涉村之秋　李庆明　摄

涉村之冬　李庆明　摄

河 流

坞罗河 为罗水上游，源于五指岭西南部山麓，古称长罗川，又称罗水。上游支流有涉村南河、凌沟水、姜沟河等，北流至坞罗，又西北经罗口、芝田、北石等村入洛河，全长 30.9 千米，流域面积 238 平方千米。涉村段长 10 千米，流域面积 21 平方千米。

后寺河 原称石子河，源于涉村镇五指岭北麓，全长 40.3 千米，流域面积 96.4 平方千米，其中涉村段为后寺河上游，全长 19.7 千米。上游大峪、二峪、三峪溪水汇流后，称三峪河，西北流入洪河水库，东汇雪凹水后向西北，称为洪河。流经三峪河村、洪河村、北庄村，入北山口镇后寺河水库。

坞罗河道　马健　摄

后寺河 马健 摄

姜沟河 属坞罗河支流，源于青龙山和盘龙山，由北向南，经北庄村、西坡村、东安村、前窑村、后村村，汇入坞罗河，全长 5 千米。

凌沟河 属坞罗河支流，源于凌沟蒲池，向西经夹津口境汇入坞罗河，全长约 2.5 千米，流域面积约 3 平方千米。

罗泉河 属坞罗河支流，位于罗泉西部，经罗泉村、北山口镇老井沟村，汇入坞罗水库，全长约 1 千米，流域面积约 1.2 平方千米。

羊角沟河 源于羊角沟村赵沟，南入登封，全长约 2 千米，流域面积约 1.5 平方千米。

蒲　池 又名蒲泉、南池，位于凌沟村西南。《水经注》记载："罗水西北流，蒲池水注之，水出前蒲坡，西北流至罗水……"《河南府志》曰："凌沟村南有蒲池，在蒲坡下，池大丈余，水石涌出，可溉良田两顷有余，西北流八里，至夹津口入罗川。"

蒲池　张建军　摄

涉村黄壤　曹振普　摄

土　壤

涉村的土壤可分为红壤、黄壤和冲积土。

红　壤　分布于凌沟村、罗泉村、南庄村、北庄村、姜沟村、浅井村、五指岭村一带。有机质含量低、土质贫瘠、易板结、农作物产量低。

黄　壤　域内分布较广，约占总面积的 70%，颗粒细，质地均一，富含钙，多空隙，透水性好，适宜植物生长。

冲积土　又称淤土，分布于地势较低的姜沟村、上庄村、东涉村、西涉村、后村村、桃园村一带，土质肥沃，适宜农耕。

物　产

涉村镇丘陵、山地较多，主要农作物有小麦、玉米、谷子、豆类、红薯等。经济作物主要有花生、芝麻、油菜等。

小麦 孙良珂 摄

玉米 马健 摄

谷子 邵阳 摄

石榴 王秀清 摄

柿子树 邵保华 摄

蔬菜类 白菜、萝卜、大葱、大蒜、韭菜、梅豆、茄子、菜豆角、西红柿、菠菜、包菜、南瓜、冬瓜、黄瓜、葫芦、丝瓜、辣椒、莴苣、莙荙菜、黄花菜、芫荽、芥菜、蔓菁等。

野菜类 山韭菜、槐花、香椿、苦芽、野黄花菜、野白蒿、榆荚、火冠芽等。

木本植物 柏树、松树、杨树、柳树、橿树、国槐、榆树、楝树、椿树、槐树、桐树、梧桐、桑树、楸树、栎树、皂角树、桃树、梨树、核桃树、杏树、苹果树、柿子树、山楂树、樱桃树、石榴树等。

中草药 远志、枣仁、杏仁、桃仁、防风、紫柴胡、葛根、麦冬、全胡、细辛、丹参、复附子、百部、瓜穰、天花粉、地黄、马兜铃、射干、车前子、蒲公英、棉芪、败浆、柿蒂、马齿苋、覆荣花、丹皮、赤芍、白芍、白芷、桔梗、苍术、枸杞、地骨皮、桑加皮、地丁、连翘、半夏、何首乌、白丁香、紫丁香、苍耳子、白蒺藜、血参、花椒、红花、艾、荆芥、石卫、苏叶、黄精、猫眼、茴香、黑地榆、茜草、松参、桑皮、槐米、地肤子、王不留、益母草、白茅根、无花果、茵陈、黑豆、白梅、全虫、土元、蝉衣等。

庭院花卉 菊花、夹竹桃、午时花、紫荆花、合欢、鸡冠花、美人蕉、芍药、牡丹、月季、玫瑰、香兰、紫罗兰、丁香、紫薇、凤仙花、蝴蝶花、羽叶茑萝、海棠、雀舌、棠梨花、含羞草、仙人掌、百日草、对叶梅等。

山花野草 山菊花、石楠藤、野百合、香梅、狗尾草、野燕麦、白草等。

家 禽 鸡、鸭、鹅等。

野 禽 黄莺、斑鸠、麻雀、喜鹊、乌鸦、紫燕、啄木鸟、猫头鹰、布谷鸟、杜鹃、戴胜、黄鹂、野鸽、山鸡等。

家 畜 马、驴、牛、羊、骡、猪等。

野生动物 野猪、獾、松鼠、野兔、田鼠、刺猬、蝙蝠等。

山羊 郑洪升 摄

矿产资源

镇域内已探明的能源资源为煤炭，其他矿产有铝黏土、紫砂黏土、软质黏土、镓矿、黄铁矿、石灰石、大理石、硅石等。

煤　炭　域内黄煤储量丰富，主要分布在上庄村、浅井村、东涉村、东安村、前窑村、西涉村、凌沟村一带，煤层厚度一般为3~7米，已探明的储量为1457万吨。

铝　土　俗称铝石，是炼铝的重要原料，主要产区在凌沟村、南沟村、东涉村、上庄村、北庄村一带，储量约为6330万吨。

黄铁矿　碳及铝土矿底部的铝土叶岩中，储存有黄铁矿，分布于凌沟村、南沟村一带，储量约为979万吨。

石灰石　分布于东安村、罗泉村、南庄村、北庄村、凌沟村、南沟村一带，储量约为6000万吨以上。

大理石　分布于羊角沟村、洪河村、浅井村，地表储量达3500多万立方米，有晚红霞、大竹叶、梅花青等10多个品种。

硅　石　分布于桃园一带，储量约1000万吨，主要矿物成分为石英，含量99%，另有少量绢云母、电气石等。

其他矿石　有铁、磷、铝等。

人口民族

人口总量

1953年，全镇总户数为7218户，总人数为36228人。

1964年，全镇总户数为7910户，总人数为38863人，其中男性19743人、女性19120人。

1990年，全镇总户数为8396户，总人数为38710人，其中男性20029、女性18681人。

2000年，全镇总户数为9920户，总人数为35061人，其中男性17717、女性17344人。

2010年，全镇总户数为10733户，总人数为36463人，其中男性18429、女性18034人。

截至 2019 年底，全镇总户数为 11349 户，总人数为 43797 人，其中男性 22680 人、女性 21117 人。

源流迁徙

域内有李、翟、韩、曹、康、姜等姓，明代时因战乱、灾荒、水患或奉旨等先后从山西等地迁徙至涉村。

民族构成

截至 2020 年 6 月，涉村镇有 9 个民族。其中，汉族 43724 人；少数民族 64 人，分别为回族 34 人、白族 3 人、哈尼族 3 人、满族 2 人、蒙古族 3 人、苗族 11 人、土家族 5 人、壮族 3 人。

姓氏组成

截至 2020 年 6 月，涉村镇共有姓氏 106 个，包括李、赵、杨、姜、丁、康、张、曹、刘、韩、翟、王、崔、田、苏、司、罗、晁、郑、岳、吴、方等姓氏。

社会发展

科技科普

1978 年，涉村人民公社成立科学技术委员会，负责科学技术教育和推广。

1987 年，涉村乡成立成人教育中心，设立 15 个成人教育班，重点普及种植、养殖技术。

1996 年，涉村镇培育创新技术示范企业 1 个，创建科技示范村 1 个。

2000 年，涉村镇高科技工业产值比重达 10%，科技进步对经济增长的贡献率达 40%。

2005 年，河南华西耐火材料有限公司生产的中心孔贯通耐火球，获得新型实用专利技术授权书。

2009 年，荣华陶瓷换热器厂生产的陶瓷换热器，通过河南科技成果鉴定。

2013 年，涉村镇新申报专利 7 个，申报郑州市科技研发中心项目 1 个。

2016 年，涉村镇农业服务中心、科普站组织小麦、玉米、大豆、核桃栽培技术培训班两期。

2019 年 3 月，涉村镇开展“科技之春”活动，组织实用技术培训、农业科技进社区、农业先进技术咨询会等活动，发放科普宣传页 5000 多份。

河南省高新技术企业——河南华西耐火材料有限公司　刘志立　摄

西沟村中草药科技服务示范基地　马健　摄

涉村镇专利统计表

申请专利名称	申请人	专利申请号	申请日期	公开日	受理单位	专利类型	取得方式
刚玉结合的高强耐火球	姜贵成 李现中	ZL200610017724.2	2006-04-29	2008-04-23	国家知识产权局专利局	发明型	自主研发
高炉热风炉用隔热、高强纤维喷射料	姜贵成 李现中	ZL200610017726.1	2006-04-29	2007-12-19	国家知识产权局专利局	发明型	自主研发
球式热风炉用耐火球	姜贵成 李现中	ZL200620031783.0	2006-04-28	2007-05-02	国家知识产权局专利局	实用新型	自主研发
硅线石、红柱石微粉结合的耐火球	姜贵成 李现中	ZL200610017725.7	2006-04-29	2007-09-19	国家知识产权局专利局	发明型	自主研发
球式热风炉耐火球	姜贵成 李现中	ZL200820070127.0	2008-04-21	2009-02-04	国家知识产权局专利局	实用新型	自主研发

续表

申请专利名称	申请人	专利申请号	申请日期	公开日	受理单位	专利类型	取得方式
高炉热风炉用复合无水压入密封料	姜贵成	ZL201010179045.1	2010-05-21	2012-09-26	国家知识产权局专利局	发明型	自主研发
高炉用无水炮泥	姜贵成	ZL201010179061.0	2010-05-21	2012-07-25	国家知识产权局专利局	发明型	自主研发
防爆铁沟浇注料	姜贵成	ZL201010185737.7	2010-05-28	2012-09-26	国家知识产权局专利局	发明型	自主研发
长寿型高炉用热态陶瓷喷注料	姜贵成	ZL201010179044.7	2010-05-21	2013-09-11	国家知识产权局专利局	发明型	自主研发
超低密度陶粒砂支撑剂极其制备方法	翟　辉 翟举章	CN201410818006.X	2014-12-25	2015-05-06	国家知识产权局专利局	发明型	自主研发
快速更换散装物料吨包装的换包装置	翟　辉 翟举章	CN201420834158.4	2014-12-25	2015-06-17	国家知识产权局专利局	实用新型	自主研发
陶粒砂用料仓间歇卸料阀门	翟　辉 翟举章	CN201420834021.9	2014-12-25	2015-06-17	国家知识产权局专利局	实用新型	自主研发
强制喂料的回转窑窑体结构	翟　辉 翟举章	CN201420833383.6	2014-12-25	2015-06-17	国家知识产权局专利局	实用新型	自主研发
一种解决冶炼金属液体容器黏渣问题的防黏渣剂	姜贵成	ZL201610321529.2	2016-05-25	2018-02-06	国家知识产权局专利局	发明型	自主研发
一种高炉炉底炉缸整体无缝浇注耐材检修维护方法	姜贵成	ZL201610353176.4	2016-05-16	2019-02-22	国家知识产权局专利局	发明型	自主研发
一种发热化渣覆盖剂及其制备方法	姜玉毅 康志斌	ZL201710883272.4	2017-09-26	2019-03-01	国家知识产权局专利局	发明型	自主研发
一种高温防脱碳涂料及其制备方法	姜玉毅 康志斌	ZL201710884155.X	2017-09-26	2019-12-31	国家知识产权局专利局	发明型	自主研发
一种耐火材料环保生产系统	姜玉毅 康志斌	ZL201721005092.8	2017-08-11	2018-03-27	国家知识产权局专利局	实用新型	自主研发
一种耐火材料混料装置	姜玉毅 康志斌	ZL201721003739.3	2017-08-11	2018-03-27	国家知识产权局专利局	实用新型	自主研发
一种耐火材料除尘搅拌装置	姜玉毅 康志斌	ZL201721003738.9	2017-08-11	2018-03-27	国家知识产权局专利局	实用新型	自主研发

续表

申请专利名称	申请人	专利申请号	申请日期	公开日	受理单位	专利类型	取得方式
一种耐火材料生产用除尘装置	姜玉毅 康志斌	ZL201721003763.7	2017-08-11	2018-03-27	国家知识产权局专利局	实用新型	自主研发
一种耐火材料传送装置	姜玉毅 康志斌	ZL201721005111.7	2017-08-11	2018-03-27	国家知识产权局专利局	实用新型	自主研发
一种耐火材料搅拌装置	姜玉毅 康志斌	ZL201721005095.1	2017-08-11	2018-03-27	国家知识产权局专利局	实用新型	自主研发
一种高炉内衬侵蚀检测用超声波检测装置	姜玉毅	ZL201822205218.7	2018-12-27	2019-10-1	国家知识产权局专利局	实用新型	自主研发
一种耐火材料生产用自动配料装置	姜玉毅	ZL201822205205.X	2018-12-27	2019-10-25	国家知识产权局专利局	实用新型	自主研发
一种耐火材料生产用成品散料自动包装装置	姜玉毅	ZL201822205217.2	2018-12-27	2019-10-25	国家知识产权局专利局	实用新型	自主研发
一种耐火材料生产用原材料对辊式破碎装置	姜玉毅	ZL201822205216.8	2018-12-27	2019-12-13	国家知识产权局专利局	实用新型	自主研发

学校教育

清朝末年涉村兴办私学，各村设有私塾。中华民国时期，兴办国民小学。1944 年，在涉村东大庙成立巩县抗日民主政府第二区中心小学。中华人民共和国成立初期，各村成立初级小学，涉村仅一所完全小学。1952 年，开始兴办冬学、夜校、民校、识字班，开展扫盲运动，历时 5 年，基本扫除青壮年文盲。20 世纪 60 年代，全镇各村办有小学。70 年代，80% 的村级小学设有初中班。1970 年，涉村人民公社成立五七高中。1976 年，巩县第十二高级中学在涉村成立。截至 2019 年底，辖区有初级中学 1 所，在校生 1100 人；小学 4 所，在校生 2450 人。

涉村学前教育起步于 20 世纪 80 年代初期，先由各小学代办，当时称育红班，以认字、识数和游戏为主。21 世纪以来，开始兴办幼儿园。截至 2019 年底，全镇有标准化幼儿园 6 所。

涉村镇初级中学 位于镇区东部，创建于 1999 年 8 月。占地面积 46670 平方米，建

涉村东大庙　马健　摄

筑面积 14172 平方米。有 18 个教学班，在校生 923 名，教职工 82 名。2017 年，获“郑州市文明学校称号”。

涉村镇第一小学　位于镇区，创办于 2009 年 8 月。占地面积 10800 平方米，建筑面积 10804 平方米。有 16 个教学班，在校生 740 人，教职工 40 人。该校为巩义市足球教育特色学校。2017 年，获得“巩义市标准化小学”“巩义市文明学校”称号。

涉村镇第二小学　位于镇区，创办于 1976 年，原名为后村小学，2009 年 8 月改为涉村镇第二小学。占地面积 10000 平方米，建筑面积 2980 平方米。设有 10 个教学班，在校生 440 名，教职工 26 名。2018 年，获得“巩义市标准化学校”“巩义市示范学校”称号。

涉村镇第三小学　位于镇区，原为东涉小学，2009 年 8 月改为涉村镇第三小学。占地面积 7054 平方米，建筑面积 3584 平方米。有 8 个教学班，在校生 388 名，教职工 25 名。2018 年，获得“巩义市教育教学先进单位”“河南省校本教研先进单位”称号。

涉村镇初级中学篮球赛　李金龙　供图

涉村镇第一小学　柴冬迎　摄

涉村镇第二小学　曹振普　摄

涉村镇第三小学　李鹏星　摄

涉村镇桃园小学 位于涉村镇桃园村，原为桃园中学，2009 年 8 月改为桃园小学。占地面积 12996 平方米，建筑面积 6895 平方米。有 12 个教学班，在校生 423 名，教职工 27 名，教学器材达到省级二类以上标准。

北庄幼儿园 位于涉村镇北庄村，创办于 2018 年 3 月。占地面积 3327 平方米，建筑面积 1146 平方米。现有 3 个教学班，在园幼儿 55 名，教职工 12 人。该园为公办幼儿园。

涉村镇实验幼儿园 位于镇区，创办于 2003 年 8 月。占地 6600 平方米，建筑面积 4888 平方米。设 26 个教学班，在园幼儿 750 名，教职工 89 名。2009 年以来连续 10 年被评为巩义市幼儿教育先进单位，2011 年获得“郑州市一级幼儿园”称号，2017 年获得“郑州市示范幼儿园”称号。

涉村镇中心幼儿园 位于镇区，创办于 2014 年。占地面积 5660 平方米，建筑面积 4969 平方米。13 个教学班，在园幼儿 400 名，教职工 25 名。

涉村镇镇直幼儿园 位于镇区，原为西涉村幼儿园，2016 年改为涉村镇镇直幼儿园。占地面积 3100 平方米，建筑面积 1600 平方米。设 9 个教学班，在园幼儿 275 名，教职工 27 名。

涉村镇桃园幼儿园 位于涉村镇桃园村，创办于 2009 年 5 月。占地面积 2000 平方米，建筑面积 1320 平方米。有 7 个教学班，在园幼儿 230 名，教职工 30 名。

涉村镇桃园小学 李鹏星 摄

涉村镇北庄幼儿园　李鹏星　摄

涉村镇中心幼儿园跳蚤市场　姜新歌　摄

涉村镇实验幼儿园　李鹏星　摄

涉村镇镇直幼儿园　孙瑞苑　摄

涉村镇桃园幼儿园　李朋丽　摄

医疗卫生

中华人民共和国成立前，涉村地区科学落后，缺医少药，人民健康无法得到保障。中华人民共和国成立后，党委政府重视发展医疗卫生事业，1953年成立涉村区诊所，同年成立涉村区卫生协会，1956年成立涉村卫生院，1964年改称巩县涉村段医院，1968年改称涉村人民公社防治院，1979年恢复为涉村卫生院。1975年，核桃园人民公社成立卫生院，2005年桃园镇、涉村镇合并，桃园卫生院保留。改革开放以来，涉村镇加大对医疗事业的投入，农村基层医疗设施不断完善，实现了域内标准化卫生所全覆盖。截至2019年底，全镇有镇办卫生院2所，医疗人员84名，29所村级卫生所，在岗村医46人。

涉村卫生院 创办于1956年，占地面积4279平方米，建筑面积3531平方米，设有内科、外科、骨科、妇产科、儿童保健科、中医科、中医妇科、口腔科、耳鼻咽喉科、眼科、检验科、医学影像科、预防保健科等21个科室，医护人员52人。是城乡居民医保定点医院、巩义市一级甲等医院。

涉村卫生院健康卫生宣传 周培利 供图

涉村卫生院义诊　谭凤　摄

涉村镇桃园卫生院　李鹏星　摄

桃园卫生院 创办于1975年，占地面积2300平方米，建筑面积2800平方米，设有内科、外科、医技科、急诊科、公共卫生科、中医科等18个科室，医护人员32人。是城乡居民医保定点医院、巩义市一级甲等医院。

抗击新冠肺炎疫情 2019年开展抗击新冠肺炎疫情以来，涉村镇党委、政府始终坚持人民至上，生命至上，把人民群众生命安全和身体健康放在第一位，坚决扛稳疫情防控政治责任，打好疫情防控总体战、阻击战。坚持"外防输入、内防扩散"，未出现一起传染病例。全面压实责任，成立疫情防控"一办十组"，加强对疫情防控调度、领导。果断采取措施，第一时间在焦唐高速涉村站、S235省道辖区入口、镇区、29个村设置值班

党员志愿者楼院值守　李建锋　摄

重点地区返巩人员排查　黄晓伟　摄

涉村镇大南沟村疫情防控咨询台　涉村镇人民政府　供图

涉村镇五指岭村疫情防控咨询台　涉村镇人民政府　供图

卡点 41 个，排查过往车辆、人员，避免病毒传染。逐户逐人开展拉网式大排查，建立工作台账，实行动态管理。严格按照“隔离十四条”，实行“六包”责任，关注居家隔离人员，严格执行进出登记扫码管理。下拨专项经费 150 万元，采购口罩、体温计、消毒液等医疗物资。科学推进复工复产，辖区 16 家工业、573 家服务业门店顺利复工复产。抓紧、抓实、抓细常态化疫情防控工作，持续巩固疫情防控成果。

群众文化

1958 年，成立涉村人民公社文化站，负责农村文化工作。1960 年，成立涉村人民公社广播站，主要播放时事新闻、天气预报、文艺节目等。1970 年，成立涉村人民公社电影放映队，轮流到各村放映电影。1984 年，建成涉村影剧院，为群众文化活动提供场地。1990 年后，文化基础设施不断完善。进入 21 世纪，文化基础设施进一步提升。2008 年，投入 100 多万元建成综合文化站，占地面积 1200 平方米，建筑面积 300 平方米。截至 2019 年年底，全镇有文化广场 4 个，村级文化大院 26 个，曲艺、太极、模特表演、诗词、书法等 60 多个民间文化团体相继成立。每年正月十三举办春节文艺汇演，同时利用元旦、春节、“七一”、国庆等重大节日举办各类文化娱乐活动上百场，开展“祖国颂”文化艺术节、“党的创新理论万场宣讲进基层”“百姓宣讲直通车”“红色文艺轻骑兵”等活动，群众文化活动多彩纷呈。

涉村镇综合文化站　马健　摄

涉村镇 2017 年新春文艺汇演　席文伟　摄

涉村镇 2019 年新春文艺汇演　王向东　摄

河洛大鼓　是涉村民间传统表演节目。起源于清末民初，俗称“说书”。以说、唱为表现手段，表演工具主要有书鼓、钢板、醒木、折扇等，主唱者左手打钢板，右手敲击平鼓，另有乐师以坠胡伴奏。演唱风格欢快活泼、气氛热烈。

舞　狮　涉村舞狮有 200 多年历史。舞狮表演形式分为平地、上高场、上老杆三种。平地表演，狮舞者腾跳打滚，在地上来回舞动。上高场，狮子登高台，倒立、摇头、摆尾，做各种舞蹈动作。上老杆，用八根绳固定一根数十米高的独杆，顶上绑两个木台，舞狮沿绳攀上木台亮相，并做腾、挪、跳、跃等惊险动作。

河洛大鼓　韩新红　摄

舞狮　常丰伟　摄

高　跷　是当地传统的社火节目。演出时，演员脚上绑着长木跷、踩跷，身着戏装，浓妆艳抹，化装成各种人物。手执扇子、拂尘、笛箫等道具。常唱快板、莲花落等，队形有串八字、十字队、双花队等，演出中会不断变换。

犟　驴　在涉村地区流传很广，演出时需一头或几头“犟驴”，纸绸糊裱，骑者一人，牵者一人。表演人古装打扮，有鼓、锣、镲等伴奏，做奔跑、上坡、下坡、撒欢、打滚、跳跃等动作，效果滑稽，令人捧腹。

高跷　席文伟　摄

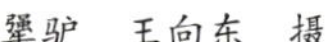

犟驴　王向东　摄

体育活动

中华人民共国成立以来，涉村镇村民体育活动大多利用学校场地，农民业余篮球队每逢重大节日或庙会相邀举行比赛。20 世纪 70 年代后，各村体育设施和场地不断完善，建有标准化篮球场、校园足球场，活动项目有篮球、羽毛球、乒乓球、台球、健身操、象棋、太极拳、太极剑，群众体育活动日益丰富多彩。

篮球赛 马健 摄

涉村健步走活动 黄绍峰 摄

社会保障

社会保险 城乡居民养老保险制度从 2008 年起实施，2011 年，按政策实施全民参保，参保率 85%。2014 年，城乡居民养老保险完成参保续费 14906 人。2015 年，城乡居民养老保险完成参保续费 23183 人。2016 年，城乡居民养老保险完成参保续费 23596 人。2017 年，城乡居民养老保险完成参保续费 23879 人。2018 年，城乡居民养老保险完成参保续费 25119 人。2019 年，城乡居民养老保险完成参保续费 25447 人，享受养老保险待遇人数 8330 人，参保率 100%。

2003 年，新型农村合作医疗在涉村施行。2017 年，与城镇居民医疗保险合并为城乡居民医疗保险。2017 年，参保人数为 35551 人。2018 年，参保人数为 33808 人。2019 年，参保人数为 35050 人。

社会福利 2011 年，涉村镇遵照《军人抚恤优待条例》有关规定，60 岁以上落户农村的退役军人，由个人申请，村镇初审，市民政局审定后，登记造册，适时发放退役士兵老年补助。截至 2019 年年底，全镇有优抚对象 260 人，烈属 9 户。

社会救助 按照“应退尽退，应保尽保”的政策实行动态管理。2014 年，全镇有低保户（享受最低生活保障的家庭）692 户 1532 人，特困户（享受国家特困供养的家庭）126 户 135 人。2015 年，全镇有低保户 513 户 1076 人，特困户 167 户 177 人。2016 年，全镇有低保户 607 户 1281 人，特困户 158 户 169 人。2017 年，全镇有低保户 617 户 1290 人，特困户（人均收入处于特困线以下的家庭）150 户 161 人。2018 年，全镇有低保户 547 户

涉村镇城乡居民医疗保险 李鹏星 摄

涉村镇敬老院　王秀清　摄

1071 人，特困户 174 户 185 人。2019 年，全镇有低保户 515 户 1039 人，特困户 172 户 182 人。对因意外、大病等导致生活困难的群众进行临时救助，2019 年救助 31 人，发放救助金共计 6.6 万元。

2009 年，在桃园村建成敬老院 1 所，占地面积 3000 平方米，建筑面积 2000 平方米，床位 60 个，工作人员 14 人，配置电视机、洗衣机、冰箱、电暖器等生活设施以及护理床、训练器、洗浴床、沐浴凳等护理设施。特困供养对象的衣食、住宿由院方统一安排，为孤寡老人安度晚年提供了保障。

2014 年以来，为 5 名视力残疾儿童配发助视器，为 14 名听力残疾儿童配发助听器，为 15 名残疾人发放机动轮椅车，为 2 户残疾人危房改造发放补助金 2 万元。2019 年，全镇残疾人共 1235 人，发放各类残疾补贴共计 107.3 万元，发放各类辅助器具 168 人次。

脱贫攻坚

涉村镇共有省级脱贫村 9 个，其中，北庄、大南沟、东安村于 2015 年底退出贫困村序列，南庄、三峪河、洪河、桃园、方家阏、寺坪村于 2016 年底退出贫困村序列。

截至2020年6月底，涉村镇共有建档立卡户321户1019人，其中一般脱贫户161户545人、低保脱贫户148户455人、特困供养对象脱贫户12户19人。全镇建档立卡贫困户已全部实现脱贫。

2018年，涉村镇为低保贫困家庭152户462人发放救助金6.15万元，为特困贫困户家庭9户12人发放救助金1.06万元。发放助学补贴43.8万元，惠及贫困学生206人；雨露计划培训53人、职业教育补助23人，发放补助资金12.24万元。为全镇316户1027贫困人口代缴医疗保险18.49万元；99名贫困群众享受慢性病报销，享受各类医疗报销政策230人次，报销金额5万元。贫困户贷款35户，共计110.5万元。2018年，全镇实施基础设施及产业扶贫项目22个，总投资1100余万元。

2019年，涉村镇为低保贫困家庭161户545人发放救助金11.11万元，为特困贫困户家庭12户19人发放救助金1.25万元。发放助学补贴12万元，惠及贫困学生100人；雨露计划职业教育助学补贴59人、短期技能培训8人，发放补助资金10.4万元。发放光伏扶贫资金14.15万元，惠及101户贫困户。安排各类公益性岗位120人，发放岗位补贴54.78万元。贫困户外出务工奖补40人，发放补助资金16.8万元。7户贫困户完成危房改造，补助资金9.58万元。贫困户贷款31户，共计108万元。2019年，全镇实施基础设施及产业扶贫项目10个，总投资1068万元。

截至2020年6月，涉村镇为低保贫困家庭161户545人发放救助金11.03万元，为特困贫困户家庭12户19人发放救助金1.47万元。发放助学补贴6万元，惠及贫困学生100人；雨露计划短期技能培训申报4人、职业教育补助申报28人，发放资金4.95万元。

北庄村锦隆种植专业合作社 贺兵 摄

大南沟村扶贫道路　王秀清　摄

南庄村花椒产业基地　马健　摄

寺坪村扶贫搬迁安置区　马建敏　摄

三岔河村扶贫道路　韩博　摄

涉村镇扶贫义诊活动　康璐璐　摄

发放光伏扶贫资金 7.87 万元，惠及 109 户贫困户。合作医疗报销 46 人，报销金额总计 23.53 万元。转移就业 2827 人（其中脱贫享受政策 464 人，脱贫不享受政策 2363 人）；安排各类公益性岗位 105 人，发放岗位补贴 21.35 万元。贫困户贷款 37 户，共计 160.7 万元。在中国社会扶贫网、河南省农购网上注册产品 5 种，帮助销售扶贫农产品 8 万余元。全镇实施基础设施及产业扶贫项目 20 个，投入项目资金 1317 万元。

居民生活

衣　中华人民共和国成立前，当地百姓多种有棉花，自己纺织粗布，染成毛蓝、青蓝、月白、印花等色，根据季节裁制成单、夹、棉衣。上衣款式女性多为大襟衣衫，男性多为对襟，男女都穿大腰裤。冬天，男子不套内衣，多穿刷筒棉袄。为御寒，男人多在腰间系一根蓝色棉布制成的腰巾。袜子由粗布缝制，脚上穿的圆口老套鞋，又叫千层底、“踢死牛”。中华人民共和国成立后，随着纺织工业发展，出现了洋布、斜纹布，20 世纪五六十年代，大部分农民仍穿粗布衣，少数人穿斜纹布，男性以穿军装为荣，后来流行中山装、军干服，脚上穿的多为圆口和方口布鞋，后来又时兴松紧口布鞋。女性上身穿对襟衫，下身穿偏口裤。男性多戴毡帽，女性多裹方巾。70 年代后，老粗布减少，涤良、涤卡、涤纶出现，农民穿衣多买布在家用缝纫机自制。男性多戴火车头帽、绿军帽。幼儿多穿红色狮子裤，婴儿穿虎头鞋。80 年代后，衣服款式逐渐多样化，有西装、夹克、牛仔服、喇叭裤等。中老年男性多穿中山装，干部服，年轻女性多穿花色上衣。进入 21 世纪，群众穿衣多到商场选购，对款式色调更加讲究，从“一衣多季”转为“一季多衣”，服装分为工作装、礼仪装、居家服、休闲服、运动服、睡衣等，视环境穿戴。

食 中华人民共和国成立前，当地群众一般为一日三餐，由于粮食紧缺，到了农闲或雨天，多为一天两顿饭，玉米小麦产量低，群众吃的多为杂粮黑馍、稀饭、“糊涂面条”。20 世纪 70 年代，为了吃饱，广种红薯，村民一日三餐以红薯和红薯面为主。除了主食，很少有菜品，到了年节才能见到细米白面和萝卜、白菜，肉类。改革开放后，群众的饮食理念已由吃饱吃好转向科学健康。肉类鸡蛋，细米白面，果蔬、鲜奶，家家俱备。

住 20 世纪 70 年代前，居民民居可分为拱券石窑、土窑、瓦房三种。拱券石窑、土窑，阴暗潮湿，采光不好，这种传统的居住形式延续了很长时间，山区人民一直向往“楼上楼下、电灯电话”的城市生活。改革开放后，民居发生变化，出现了预制平房，楼房，民居建筑由土木结构转为钢筋混凝土结构。21 世纪以来，多数居民住进楼房，民居设计更为

居民生活之一　邵保华　摄

居民生活之二　李东卓　摄

居民生活之三　马明明　摄

居民生活之四 张欣伟 摄

优化，由单一的居住功能演变为卧室、客厅、书房、厨房、阳台、平台等复合式新居。截至 2019 年底，已有 10000 余户山区村民迁入社区楼房居住。

行 1949 年前，居民出门靠步行，远程骑毛驴。中华人民共和国成立后，交通好转。20 世纪 60 年代，当地有了公交车。70 年代，部分居民出门以自行车代步。80 年代，自行车普及。90 年代，乡村交通路网逐步健全，道路铺上柏油，不少年轻人骑上了摩托车。进入 21 世纪，多数家庭有了电动车、小汽车。党的十八大以来，出门可乘公交车、出租车，搭顺风车等，私家车在域内就能上高速路，出行更加方便快捷。居民追求低碳出行，新能源汽车开始步入当地群众生活。

精神文明建设

20 世纪 60 年代，涉村地区兴起向雷锋同志学习的活动。改革开放以来，涉村镇在发展经济的同时，大力培养文明乡风，进入 21 世纪，涉村镇积极培育和践行社会主义核心价值观，开展“十佳百星”“十星级文明户”“乡村光荣榜”“文明家庭”评选和“文明村镇”“文明单位”创建活动，设置公益广告500余处，各村相继举办道德讲堂。开展“我们的节日”“红色文艺轻骑兵”“咱们一起奔小康”“巾帼心向党 礼赞新中国”等丰富多彩的广场文艺演出活动。2015年，涉村镇创成巩义市文明镇。2020年，创成郑州市文明镇。截至2020年5月，全镇有郑州市文明村1个、巩义市文明村9个、巩义市文明单位8个。

涉村镇广场文艺演出活动　涉村镇人民政府　供图

涉村镇新时代文明实践所　马健　摄

郑州市文明村镇——西沟村　王秀清　摄

巩义市文明村镇——后村村　李鹏星　摄

平安建设

2015年以来，镇党委政府注重夯实基层政法工作基础，与各村、各单位签订平安建设工作目标责任书，明确专职政法工作责任人，压实工作责任。全镇29个村建成标准化平安建设工作站，设置百米法制长廊、固定标语50多处，营造法制建设浓厚氛围。加大技防设施投入，实现了29个行政村技防设施全覆盖。强化社会治安综合治理，对镇区423家九小场所进行治安排查，每年治安巡逻超过820次，全镇范围内开展"解决群众困难、解决社会矛盾、促进社会稳定、促进和谐发展"为主题的"双解双促"活动。扎实开展扫黑除恶专项斗争，利用周日传统集市、"普法进校园"、消夏文艺汇演等活动，开展专题宣传活动85次，设置宣传标语59处，发放宣传彩页及物品12000余份，在全镇形成扫黑除恶的高压态势。截至2019年年底，化解矛盾纠纷500余起。2018年，被评为巩义市政法工作先进单位，郑州市信访工作"四无"乡镇。

2019年涉村镇国家宪法日宣传活动 刘国栋 摄

涉村镇扫黑除恶专项斗争河洛大鼓巡演　庞尚义　摄

乡镇建设

功能区布局

镇村体系规划　镇域空间规划着力形成“一带、两心、三片”的布局结构。一带：建设用地沿 S235 向南北两侧扩展，形成以 S235 为轴向的带状发展模式。两心：在涉村镇原有基础上形成涉村和桃园两个中心发展区，进而辐射带动整个镇域。三片：以自然地形将镇区划分为三个发展片区—西部镇区发展片区、集中发展工业为主的中部工业发展片区和东部的桃园发展片区。

居住用地布局　规划居住用地面积 153.35 万平方米，占总建设用地的 38.96%，人均居住用地面积 43.4 平方米；分为 5 个居住片区，分别是涉村镇区北部居住组团、南部居住组团、新城宜居组团，上庄综合组团，桃园生活组团。

涉村镇区沿 S235 带状发展　马健　摄

涉村中心发展区　马健　摄

桃园中心发展区　马健　摄

西部镇区发展片区　崔石磊　摄

中部工业发展片区　崔石磊　摄

东部桃园发展片区　崔石磊　摄

公共设施用地布局 规划公共设施用地67.86万平方米，占镇区总建设用地的17.24%，人均用地指标19.39平方米/人。其中规划行政管理用地6.32万平方米、教育机构用地14.53万平方米、文体科技用地3.98万平方米、医疗保健用地3.35万平方米。

商业金融用地 规划商业金融用地35.23万平方米。依托镇区现有的商业设施，沿S235和后村大街两侧发展商业，以开发商贸中心、酒店、银行等为主要形式。在镇政府东南，规划商场、专业商店、饭店等，与文体科技设施一起构成镇级公共中心。

集贸市场用地 规划集贸市场用地4.45万平方米。规划专业市场布置在镇区西部，保留涉村镇牲口市场的传统，并在沿河路南侧新建并扩大规模；在社区设置菜市场等。

生产设施用地布局 规划工业用地面积29.12万平方米。调整产业结构，企业产品科技含量，促进企业规模化、集团化发展。搬迁现状与居住用地交叉的污染企业及闲置工业企业，将原分散布置的企业搬迁至中部上庄处集中布局。对工业区周边用地规划进行统筹安排，结合绿化防护和仓储设施发展，建设相应的配套设施。

道路交通布局 规划对外交通用地2.03万平方米。对外交通用地包括长途客运站场、大型停车场、加油站等设施，设施主要分布在焦唐高速引线附近。规划道路广场用地53.67万平方米，规划形成以方格网状路网为主，自由式路网为辅的城区路网形式。居住生活片区路网密度相对较大，工业区路网密度相对较小，适合用地特点。

美丽乡村建设

2017年以来，涉村镇先后投资5000万元，实施美丽乡村项目。新修乡村公路10.2千米；新建广场游园6处；观光旅游设施5处；新建垃圾中转站1座；铺砌排水管道、水渠3472米；河道清淤治理4100米；绿化荒地27亩；种植景观树1万多棵，安装太阳能路灯236套。全镇有河南省美丽乡村3个，巩义市美丽乡村5个。

后村村 2018年实施美丽乡村项目，新建道路1451米，整修街道3877平方米，实现了道路通畅，街道整洁。铺设各类管道3121米，新建文化广场2处，面积1.15万平方米，设置篮球场、健身器材、跑道、娱乐场、休闲座椅等基础设施；新建公厕3座；道路两侧新建绿化带6405平方米，种植景观树3468棵，花草3729平方米；新修河坝820米，河道清淤2332立方米，安装太阳能路灯52盏，实现了村庄美化、绿化、亮化。

南庄村 2018年实施美丽乡村项目，完成投资300多万元，升级改造村道2497米。

后村村美丽乡村建设　马健　摄

整修排水沟渠 1531 米。新建 1600 平方米的游园 1 座，种植景观树 230 余株，植绿 480 平方米，修砌水库护坡和坝顶护栏。开发核桃基地 1 个、花椒基地 1 个。

洪河村　2018 年实施美丽乡村项目，投资 370 多万元。新修村主干道两条，旅游路两条，全长 3301 米。新建绿化带 1.24 万米，栽种月季、黄杨、女贞等花草 6094 平方米，新建公厕 1 座，实现了道路通畅、路旁绿化、村庄美化。

三峪河村　2018 年实施美丽乡村项目，投资 300 多万元，对北沟河、南沟河、外沟河进行了综合治理，修补河道沟渠 1533 米，治理河道 1931 米，砌筑河坝护坡 2940 米，河底清淤 7892 立方米。在村主干道安装太阳能路灯 30 盏，硬化村文化广场 1500 平方米，修建花池 80 平方米，栽种景观绿植 200 平方米。

西沟村　2020 年实施美丽乡村项目，投资 341 万元，扩宽村庄道路 1.25 平方米。安装太阳能路灯 150 套，修建垃圾中转站 1 座，铺设排水管道 328 米，改善了村民居住环境。该村是郑州市新农村建设示范村、河南省级生态村、河南省级卫生村。

北庄村　2018 年实施美丽乡村项目，投资 427.75 万元，在村主干道两侧新建绿化带 1619 平方米，栽种草坪 1619 平方米，种植木棉、樱花、红枫等景观树 645 株，种植青竹、

洪河村美丽乡村建设　吕健　摄

三峪河村美丽乡村建设　王秀清　摄

西沟村美丽乡村建设　王秀清　摄

北庄村美丽乡村建设　马健　摄

大南沟村美丽乡村建设　赵艺丹　摄

花卉 2300 平方米。村道安装太阳能路灯 152 盏，河道清淤 4000 立方米，砌河道护坡 521 米，新建沿河步道 424 米，河道两侧新建绿化带 430 平方米，种植景观树 141 棵，该村开发了杨家寨旅游区项目。

大南沟村　2020 年实施美丽乡村项目，投资 1290 多万元，实施村主干道改造、改水改厕、自来水天然气入户、村组道路美化亮化、三线（供电、通信、有线电视）入地等基础工程。改造党群服务中心，建设 600 平方米的文体活动广场 1 处，观景设施 3 处，新修登山步道 1 条、“黑金工坊”（垃圾分类工程）1 处、游园 1 处。

桃园村　2018 年以来实施美丽乡村项目，投资 322 万元，新修村内主干道 2 条，长 927 米；S235 省道临村沿线修建绿化带 2960 平方米，路旁种植景观树 809 棵，排水清淤 900 立方米，新增排水渠盖板 400 个，建公厕 1 座；新建文化墙 450 平方米，安装太阳能路灯 30 盏。

道 路

省道 S235 始建于 1958 年，时称孝（义）上（庄）公路。1978 年，改线复修，路基扩宽至 10 米，沥青路面宽 7 米，基本达到国家三级公路标准，路况良好，交通标识齐全，涉村段全长 9.7 千米，时称豫 31 线，又称孝（义）许（昌）公路。1993 年，路面扩宽至 14 米。1998—2001 年，焦（作）巩（义）黄河公路大桥、伊洛河公路大桥建成，省道 S235 全线贯通，涉村段路面扩宽至 15 米。2018 年，改称省道 S235。

焦唐高速 焦作—唐河高速，涉村段由西向东，全长 15 千米，途经涉村镇罗泉、南庄、北庄、西坡、桃园、北坡、寺坪等 14 个行政村，沿途有 1 个北庄隧道、2 座桥梁，在涉村镇区东侧设有高速出口。

杨涉路 始建于 1983 年，时称涉穆线（东涉—穆沟），后更名为杨涉路（涉村东涉—荥阳市高山镇杨桥村），为县道，三级公路，纵贯涉村 5 个行政村（东涉、前窑、东安、浅井、洪河），全长 7.85 千米。2005 年道路改建，路面宽 6 米，双车道，设计时速 40 千米 / 小时，涵洞 3 个。2019 年为全力发展巩义市全域旅游产业，在南部山区旅游道路规划中将该道路更名为省道 S234。

省道 S235　马健　摄

焦唐高速及杨涉路　马健　摄

涉村镇村道　孙钢军　摄

北庄引水洞—里河桥道路　涉村镇人民政府　供图

桃园（西沟口接S235）—小泉沟（巩登交界）　马健　摄

龙尾坡—铁佛寺道路　张建军　摄

涉村镇各村路段表

路线名称	起点名称	讫点名称	路段路面类型	路面宽度（m）	建成年份	最近改建年份
北坡—桑树沟水库	北坡	桑树沟水库	12. 水泥混凝土	4.5	1990	2017
三峪河村南—三峪河（接 Y016）	三峪河村南	三峪河（接 Y016）	12. 水泥混凝土	4.5	1990	2014
上庄村南（接 S235）—外沟（接 Y072）	上庄村南（接 S235）	上庄村委	12. 水泥混凝土	5	1973	2009
上庄村南（接 S235）—外沟（接 Y072）	上庄村委	涉村	12. 水泥混凝土	5	1990	2009
上庄村南（接 S235）—外沟（接 Y072）	涉村	外沟（接 Y072）	12. 水泥混凝土	5	1973	2009
西岭北口—大王河	西岭北口	浅井三队	12. 水泥混凝土	3.5	1973	1992
西岭北口—大王河	浅井三队	大王河	12. 水泥混凝土	5	1973	2010
东坡—外沟口	东坡	浅井村委	12. 水泥混凝土	3.5	1973	1992
东坡—外沟口	浅井村委	外沟	12. 水泥混凝土	5	1973	2010
东坡—外沟口	外沟	外沟口	12. 水泥混凝土	5	1973	2009
东安（接 S235）—里河	东安（接 S235）	西坡	12. 水泥混凝土	3.5	1973	2006
东安（接 S235）—里河	西坡	里河	12. 水泥混凝土	3.5	1973	2009
下西坡—刘家闲东（接 X050）	下西坡	刘家闲	12. 水泥混凝土	3.5	1973	2009
下西坡—刘家闲东（接 X050）	刘家闲	刘家闲东（接 X050）	12. 水泥混凝土	3.5	1973	2008
西坡—煤矿	西坡	翟家闲	12. 水泥混凝土	4.5	1990	2013
西坡—煤矿	翟家闲	王家闲	12. 水泥混凝土	3.5	1973	2006
姜家闲—姜家闲	姜家闲	姜家闲	12. 水泥混凝土	3.5	1973	2007
里沟口—里沟	里沟口	里沟	22. 沥青碎石	4	1973	2006
涌泉村委—坑沟	涌泉村委	涌泉里沟	22. 沥青碎石	3.5	1973	2006
涌泉村委—坑沟	涌泉里沟	坑沟	12. 水泥混凝土	3.5	1990	2007
涌泉外沟—涌泉六队	涌泉外沟	涌泉六队	12. 水泥混凝土	3.5	1973	2007
稠树沟口—稠树沟	稠树沟口	稠树沟	12. 水泥混凝土	3.5	1973	2000
后岭南—后岭（接 Y029）	后岭南	后岭（接 Y029）	12. 水泥混凝土	3.5	1973	2005
东沟西—东沟	东沟西	东沟	12. 水泥混凝土	3.5	1973	1990
当中沟—刘家闲	当中沟	刘家闲	12. 水泥混凝土	3.5	1973	2002

续表

路线名称	起点名称	讫点名称	路段路面类型	路面宽度(m)	建成年份	最近改建年份
西沟—西岭	西沟	西岭	12. 水泥混凝土	4.5	1973	2016
西沟小学—老泉沟	西沟小学	老泉沟	12. 水泥混凝土	3.5	1973	2005
小泉沟口—小泉沟	小泉沟口	小泉沟	12. 水泥混凝土	3.5	1976	2005
方家闸(接S235)—郭峪	方家闸(接S235)	郭峪	12. 水泥混凝土	3.5	1990	2006
郭峪口北—郭峪口	郭峪口北	郭峪口	12. 水泥混凝土	3.5	1973	2006
西爬南—西爬	西爬南	西爬	12. 水泥混凝土	3.5	1973	2009
西地—王庄村委	西地	晁家闸	12. 水泥混凝土	3.5	1973	2010
西地—王庄村委	晁家闸	王庄村委	12. 水泥混凝土	3.5	1972	2002
下闸东—下闸	下闸东	下闸	12. 水泥混凝土	3.5	1972	2004
北地—方家闸	东地闸(接S235)	方家闸	12. 水泥混凝土	3.5	1972	2007
田家闸—方家闸	田家闸	雪化	12. 水泥混凝土	4	1971	2000
田家闸—方家闸	雪化	方家闸	12. 水泥混凝土	4	1971	2000
方家闸—王家闸	方家闸	王家闸	12. 水泥混凝土	3.5	1971	2010
平顶寺南—平顶寺	平顶寺南	平顶寺	12. 水泥混凝土	3.5	1971	2006
平顶寺南口—平顶寺北	平顶寺南口	平顶寺北	12. 水泥混凝土	3.5	1971	2010
前窑西口—水洞沟南	前窑西口	前窑	12. 水泥混凝土	3.5	1971	2010
前窑南—前窑村北	前窑村委	前窑村北	12. 水泥混凝土	3.5	1971	2005
龙尾坡—铁佛寺	龙尾坡	洪河村口	12. 水泥混凝土	5	1971	2009
龙尾坡—铁佛寺	洪河村口	三圆	12. 水泥混凝土	3.5	1971	2002
龙尾坡—铁佛寺	三圆	铁佛寺	12. 水泥混凝土	3.5	2002	2006
洪河水库—桑树沟	洪河水库	南坡	12. 水泥混凝土	3.5	1971	2007
洪河水库—桑树沟	南坡	桑树沟	12. 水泥混凝土	3.5	1971	2009
东涉村—东涉村委	东涉村	东涉村北	12. 水泥混凝土	3.5	1971	2007
东涉村—东涉村委	东涉村北	东涉南	12. 水泥混凝土	6.5	1971	2016
东涉村—东涉村委	东涉南	东涉村委	12. 水泥混凝土	3.5	1971	2007
东涉村南口—创业桥口	东涉村南口	创业桥口	12. 水泥混凝土	3.5	1971	2005
东涉小学—仙沟	东涉小学	东涉	12. 水泥混凝土	3.5	1971	2010
东涉小学—仙沟	东涉	仙沟口	12. 水泥混凝土	5	1971	2009
东涉小学—仙沟	仙沟口	仙沟	12. 水泥混凝土	3.5	1971	2010

续表

路线名称	起点名称	讫点名称	路段路面类型	路面宽度(m)	建成年份	最近改建年份
里河口—里河	里河口	里河	12. 水泥混凝土	3.5	1971	1993
窑顶地—东涉村委	窑顶地	上营	12. 水泥混凝土	3.5	1971	2009
窑顶地—东涉村委	上营	东涉村委	12. 水泥混凝土	3.5	1971	2009
东闲—创业桥口	东闲	创业桥口	12. 水泥混凝土	3.5	1971	2010
羊角沟里沟—赵沟	羊角沟里沟	羊角沟	12. 水泥混凝土	3.5	1971	2008
羊角沟里沟—赵沟	羊角沟	赵沟口	12. 水泥混凝土	3.5	1971	2000
黑沟口—黑沟	黑沟口	黑沟	12. 水泥混凝土	3.5	1971	2007
凌沟村委—后坡	凌沟村委	庙坡	12. 水泥混凝土	3.5	1971	1997
西涉东口(接坞窖线)—后村下街	西涉东口(接坞窖线)	后村下街	12. 水泥混凝土	3.5	1971	2007
后村东北—后村金山路	后村东北	后村金山路	12. 水泥混凝土	3.5	1971	2010
东沟南—西沟坝	东沟南	西沟坝	12. 水泥混凝土	3.5	1971	2009
山神庙—西沟(接Y036)	山神庙	西沟接Y036	12. 水泥混凝土	3.5	1971	2009
南庄西北—南庄村委	南庄西北	南庄村委	12. 水泥混凝土	3.5	1971	2003
南庄中部—外河	南庄中部	南庄村东南	12. 水泥混凝土	3.5	1971	2003
南庄中部—外河	南庄村东南	外河	12. 水泥混凝土	3.5	1971	2008
崔家闲入口(接Y036)—崔家闲	崔家闲入口(接Y036)	崔家闲	12. 水泥混凝土	3.5	1980	2008
北庄引水洞—里河桥	北庄引水洞	里河桥	12. 水泥混凝土	4.5	1990	2017
庄子沟东(接Y066)—庄子沟(接Y066)	庄子沟东(接Y066)	庄子沟(接Y066)	12. 水泥混凝土	3.5	1971	2005
翟家闲—李家闲	翟家闲	李家闲	12. 水泥混凝土	3.5	1971	2005
翟家闲—学校门口	翟家闲	学校门口	12. 水泥混凝土	3.5	1971	2007
黑沟岭新村北—黑沟岭新村南	黑沟岭新村北	黑沟岭新村南	12. 水泥混凝土	3.5	1971	2004
桑树沟新村—桑树沟新村东南	桑树沟新村	桑树沟新村东南	12. 水泥混凝土	3.5	1971	2004
东地—十字路(接Y036)	东地(接Y009线)	北庄	12. 水泥混凝土	3.5	1971	2009
东地—十字路(接Y036)	北庄	十字路(接Y036)	12. 水泥混凝土	5	1971	2009
西沟—煤矿	西沟	西岭	12. 水泥混凝土	3.5	1971	2009

续表

路线名称	起点名称	讫点名称	路段路面类型	路面宽度（m）	建成年份	最近改建年份
西沟—煤矿	西岭	北庄	12. 水泥混凝土	3.5	1971	2005
西沟—煤矿	北庄	北庄	12. 水泥混凝土	5	2013	2014
西沟—煤矿	北庄	煤矿	12. 水泥混凝土	3.5	1971	2009
下庄西—下庄	下庄西	下庄	12. 水泥混凝土	4.5	1971	2015
桃园南坡—桃园幼儿园	桃园南坡	桃园幼儿园	12. 水泥混凝土	5	2009	
省道 S235—北庄	省道 S235	北庄	12. 水泥混凝土	6.5	2007	
羊角沟五队—羊角沟三队	羊角沟五队	羊角沟	12. 水泥混凝土	3.5	2008	
S235—雪凹东地	博许线	雪凹东地	12. 水泥混凝土	3.5	2016	
夹津口北营口—周家凹	夹津口北营口	周家凹	12. 水泥混凝土	3.5	2014	
西坡—刘家闸东	西坡	刘家闸东	12. 水泥混凝土	3.5	2014	
隧道口—北庄	隧道口	北庄	12. 水泥混凝土	5	2013	2014
洪河—教练坑	洪河	杨涉路	12. 水泥混凝土	5	1993	2010
洪河—教练坑	杨涉路	洪河水库	12. 水泥混凝土	5	1993	2017
洪河—教练坑	洪河水库	三峪村委	12. 水泥混凝土	4.5	1993	2018
洪河—教练坑	三峪河	教练坑	12. 水泥混凝土	4	1993	2002
涉村—韵沟	涉村	东岭	12. 水泥混凝土	6	1984	2014
涉村—韵沟	东岭	老林场	12. 水泥混凝土	5	1984	2009
涉村—韵沟	老林场	羊角沟入点	12. 水泥混凝土	5	1984	2004
涉村—韵沟	羊角沟入点	羊角沟	12. 水泥混凝土	5	1984	2005
涉村—韵沟	羊角沟	郭庄（巩义界）	12. 水泥混凝土	3.5	1984	2009
天井坑—分水岭	五指岭	教练坑	12. 水泥混凝土	4	1979	2018
上庄—桃园	上庄	东沟	22. 沥青碎石	6	1993	2006
夹津口—凌沟	南池	凌沟	12. 水泥混凝土	5	1982	2010
坞罗—窑粮坑（巩登交界）	涉村交界	南庄	12. 水泥混凝土	5	1981	2014
坞罗—窑粮坑（巩登交界）	南庄	南庄	12. 水泥混凝土	4.5	1996	2014
坞罗—窑粮坑（巩登交界）	南庄	南庄	12. 水泥混凝土	9	1990	2013

续表

路线名称	起点名称	讫点名称	路段路面类型	路面宽度(m)	建成年份	最近改建年份
坞罗—窑粮坑（巩登交界）	南庄	省道 S235	22. 沥青碎石	6	1993	
坞罗—窑粮坑（巩登交界）	省道 S235	窑粮坑（巩登交界）	12. 水泥混凝土	3.5	1990	2008
省道 S235—庙洼	省道 S235	桑树沟老村	12. 水泥混凝土	5	1990	2006
桃园（西沟口接 S235）—小泉沟（巩登交界）	桃园（西沟口接 S235）	西沟村委	11. 沥青混凝土	6.5	1993	2019
桃园（西沟口接 S235）—小泉沟（巩登交界）	西沟村委	吴沟村委	11. 沥青混凝土	4.5	1990	2018
桃园（西沟口接 S235）—小泉沟（巩登交界）	吴沟村委	吴沟村南	11. 沥青混凝土	6.5	1990	2019
桃园—南沟	桃园	王庄出点	12. 水泥混凝土	4	1986	2010
桃园—南沟	桑树沟新村	省道 S235	12. 水泥混凝土	5	1986	2014
桃园—南沟	省道 S235	南沟	12. 水泥混凝土	4	1990	2006
桃园—南沟	南沟	南沟	12. 水泥混凝土	4.5	1986	2016
浅井（田沟）—南沟	浅井（田沟）	浅井四队	12. 水泥混凝土	3.5	1999	
浅井（田沟）—南沟	浅井四队	浅井（接 S235）	12. 水泥混凝土	5	1999	2009
浅井（田沟）—南沟	浅井（接 S235）	浅井（接 S235）	11. 沥青混凝土	12	1972	2004
浅井（田沟）—南沟	浅井（接 S235）	水泥厂	12. 水泥混凝土	5	1982	2009
浅井（田沟）—南沟	水泥厂	南沟	12. 水泥混凝土	5	1992	2014
羊角沟里沟—赵沟	羊角沟	羊角沟	12. 水泥混凝土	3.5	1971	2008
羊角沟五队—羊角沟三队	羊角沟	羊角沟	12. 水泥混凝土	3.5	1971	2008
羊角沟五队—羊角沟三队	羊角沟	羊角沟三队	12. 水泥混凝土	3.5	2008	
隧道口—北庄	北庄	北庄	12. 水泥混凝土	5	2013	2014
隧道口—北庄	北庄	北庄	12. 水泥混凝土	5	2013	2014
坞罗—窑粮坑（巩登交界）	省道 S235	省道 S235	22. 沥青碎石	6	1993	
坞罗—窑粮坑（巩登交界）	省道 S235	省道 S235	22. 沥青碎石	6	1993	
洪河—西窑	洪河	西窑	12. 水泥混凝土	4.5	2014	

续表

路线名称	起点名称	讫点名称	路段路面类型	路面宽度(m)	建成年份	最近改建年份
洪河—教练坑	三峪村委	三峪河	12. 水泥混凝土	5	1993	2010
天井坑—分水岭	教练坑	教练坑	12. 水泥混凝土	5	1973	2018
天井坑—分水岭	教练坑	分水岭	12. 水泥混凝土	5	1973	2003

水利建设

1957—1959 年，涉村修建洪河水库及干渠，可灌溉土地 1240 亩。1970 年大兴农田基本建设，先后兴建了凌沟灌区、洪河灌区和后村村三级提灌站。西涉村、后村村先后开挖容量 2 万立方米大型蓄水池 3 个。全镇各村开凿机井 36 眼。通过兴修水利，全镇 5095 亩旱地变为水田，实现了稳产高产。2009 年 9 月，北庄村引水工程黄家山隧洞贯通，解决了该地区群众吃水难的问题。截至 2019 年底，全镇有小型水库 2 座，洪河水库总库容 258 万立方米，桑树沟水库总库容 38 万立方米，有机井 37 眼，部分为深水井，用于农田灌溉和群众生活用水。

洪河水库 位于洪河村。1957 年开工兴建，1960 年建成。控制流域面积 14 平方千米，投工 15.8 万个，开挖土石方 3.2 万立方米，总库容 258 万立方米，设计灌溉面积 1 万亩。水库大坝为堆石坝，坝长 178 米，高 39.9 米，顶宽 7 米，大坝建成后曾多次除险加固，灌溉、养鱼、游览沿用至今。

桑树沟水库 位于桑树沟村。1970 年动工修建，1975 年建成。总投资 50 多万元，投工 5000 多个，用砂石 9.6 万立方米，水泥 3.1 万吨，用粮 11.2 万斤，开凿山洞 370 多米，修东西主干渠 5600 米。1980 年，启动水库复坝工程，复坝后坝长 180 米，宽 7 米，坝高 41.5 米，总库容 48 万立方米。

三峪河水库 位于三峪河村，大峪河和二峪河下游。控制流域面积 2.2 平方千米，修建于 2003 年，库坝为堆石坝，坝高 13 米，长 28 米，顶宽 3.5 米，水库总容量为 10 万立方米，大坝建成后用于防洪、游览。

洪河灌区 洪河灌区以洪河水库为水源，分两期建成，修缠山渠 10.8 千米。一期工程 1958 年启动，1966 年建成。干渠全长 5122 米，水经 982 米长的“盘龙水洞”过山，可浇地 3000 亩。二期工程 1979 年启动，灌区延伸至罗泉村，组织民工施工 6 年，延长干

洪河水库　孙钢军　摄

三峪河水库　张曙光　摄

渠 4.8 千米，扩大灌溉面积 3400 亩。

凌沟灌区 凌沟灌区以凌沟蒲池为水源，1975 年动工，投工 500 人，于 1976 年建成。修建主干渠 2150 米，石砌渡槽 250 米，采用虹吸管 800 米，灌溉面积 313 亩。蒲池水得以利用。

前武当倒虹吸 倒虹吸工程是洪河灌区最大的骨干工程，1979 年 5 月动工，1982 年 6 月建成。工程跨度约一里余，沟深 106 米，口宽 357 米，倒虹吸管道坡全长 399 米。主体工程以石砌渡槽为依托，渡槽长度 60 米，桥高 23.27 米，全拱跨 33 米，凌空而起，横跨空谷，历时 3 年，投工 18805 个。

东风电灌站 东风电灌站为后村大队于 1970 年至 1975 年设计修建。该站以涉村河北岸的大口井为水源，设三级提灌，并在三级站上端开挖容量为 2 万立方米蓄水池一座。三级站扬程 97 米，灌溉面积 400 多亩。

洪河灌区缠山渠 马健 摄

凌沟灌区渡槽　曹振普　摄

前武当倒虹吸石砌渡槽　曹振普　摄

20 世纪 70 年代东风电灌站　涉村镇人民政府　供图

20 世纪 70 年代东风电灌站渡槽
涉村镇人民政府　供图

供　水

涉村镇区有供水厂 1 个，地处前窑村五组。水源来自洪河水库。1998 年 12 月动工，1999 年 6 月建成。占地面积 2500 平方米，建筑面积 1200 平方米，水池容积 1200 立方米，过滤池容积 100 立方米，日供水 1000 立方米。主要供给涉村镇、夹津口镇部分行政村居民生活用水。

供　电

20 世纪 70 年代，高压线架至涉村，社队企业和群众生活用上了电。21 世纪以来，农电事业快速发展，截至 2018 年底，高压线路由原来的 2 条增至 4 条，线路总长由 15.5 千米增至 65 千米，变压器由 51 台增至 133 台，装机容量由原来的 5400 千瓦增至 20000 千瓦，供电量由每年的 60 万千瓦时增至 2 亿千瓦时，居民家庭通电率达 100%。大南沟村实施了电网入地工程。

涉村镇变电站 赵艺丹 摄

供 气

2019 年，投入 5000 万元实施涉村天然气入户项目，计划完成 15 个村燃气入户工程。截至 2020 年 6 月，已铺设中低压管线 84788 米。

排 水

全镇有污水处理厂 2 座，日处理污水 300 吨。2019 年以来，争取各级财政资金 8000 余万元实施农村改水改厕项目，完成 20 个村改水改厕工程，有效解决了污水处理问题。

西涉污水处理厂　马健　摄

寺坪污水处理厂　马健　摄

大南沟村污水处理终端　赵艺丹　摄

涉村镇青山工程 刘文东 摄

绿 化

涉村镇以青山工程为载体，先后培育侧柏容器袋 400 万袋，实现灭荒造林 2700 多亩，国家生态工程造林 7560 亩，国家退耕还林 3704.8 亩，生态城市建设造林 1.3 万亩，累计林地面积 69021 亩。2018 年以来，争取各级财政资金 6080.5 万元实施困难地造林 8075 亩，直播造林 2300 亩，廊道绿化 1600 亩。

环境卫生

1983 年，成立涉村乡环卫队，负责乡主干道环境卫生。各村相继成立环卫小组，负责村主干道环境卫生，人员少、设备简陋。21 世纪以来，加大环卫投入，购置垃圾车 62 台，多功能抑尘车 3 台，垃圾桶 1325 个，垃圾箱 335 个。2020 年，推广农村生活垃圾分类，购置 4 分类垃圾桶 30 套。

廊道绿化 马健 摄

涉村镇困难地造林 王秀清 摄

多功能抑尘车　韩彦丽　摄

党建政事

中共涉村镇委员会

1944 年 10 月，豫西抗日先遣支队进入巩县，1945 年 3 月，中共巩县县委、巩县抗日民主政府移驻涉村上庄村。当月，中共巩县二区区委成立。4 月，建立核桃园地区第一个党小组，发展 5 名党员。

1960 年 1 月 25 日，召开中共涉村人民公社第一届党员代表大会（以下简称“党代会”）。

1971 年 9 月 4 日，召开中共涉村人民公社第二届党代会。

1981 年 8 月 25 日，召开中共涉村人民公社第三届党代会。

1988 年 1 月 9 日，召开中共涉村乡第一届党代会。

1992 年 5 月 6 日，召开中共涉村镇第二届党代会。

1995 年 5 月 5 日，召开中共涉村镇第三届党代会。

2001 年 8 月 16 日，召开中共涉村镇第四届党代会。

涉村镇上庄村巩县抗日民主政府老照片 涉村镇人民政府 供图

涉村镇党员干部党性教育基地 韩彦丽 摄

2006 年 3 月 26 日，召开中共涉村镇第一届代表大会。

2011 年 5 月 21 日，召开中共涉村镇第二届代表大会。

2016 年 1 月 22 日，召开中共涉村镇第三届代表大会。

涉村镇人民代表大会

1958 年，召开涉村人民公社第一届人民代表大会。

1961 年，召开涉村人民公社第二届人民代表大会。

1964 年，召开涉村人民公社第三届人民代表大会。

1981 年 5 月，召开涉村乡第四届人民代表大会，出席代表 99 名，选举产生涉村公社管理委员会。

1984 年 5 月，召开涉村乡第五届人民代表大会。

1987 年 4 月，召开涉村乡第六届人民代表大会。从 1987 年起，人民代表大会主席团成为常设机构。

1990 年 3 月，召开涉村乡第七届人民代表大会。

1993 年 3 月，召开涉村乡第八届人民代表大会。

1996 年 3 月，召开涉村镇第九届人民代表大会。

1999 年 3 月，召开涉村镇第十届人民代表大会。

2002 年 3 月，召开涉村镇第十一届人民代表大会。

2005 年 3 月，召开涉村镇第十二届人民代表大会。

2007 年 1 月，召开涉村镇第一届人民代表大会（2005 年 10 月，桃园镇并入涉村镇，按照工作要求，设立涉村镇第一届人民代表大会及其常务委员会）。

2012 年 4 月，召开涉村镇第二届人民代表大会。

2017 年 3 月，召开涉村镇第三届人民代表大会。

2019 年，辖区有人民代表大会（以下简称“人大”），代表 72 名，其中镇人大代表 63 名，主席团成员 11 人，人大主席 1 人，副主席 1 人，组建代表团 5 个。

涉村镇便民服务中心　王秀清　摄

涉村镇人民政府

1944 年 12 月，巩县抗日民主政府第二区政府成立，辖涉村、夹津口、桃园全部及西村、北山口一部分。

1948 年 5 月，巩县第六区人民政府成立，后称涉村区，辖涉村、桃园、夹津口全部，及北山口、芝田、西村一部分。

1957 年 5 月，撤区改乡，涉村区改为涉村乡。

1963 年 2 月，改称涉村人民公社，辖铁生沟、夹津口、韩沟、双河、韵沟、丁沟、申沟、公川、墓坡、东涉、西涉、姜沟、南沟、北庄、浅井、上庄、洪河、凌沟、羊角沟、核桃园、郭峪、涌泉、三峪河 23 个大队。

1975 年 3 月，原涉村人民公社分为核桃园、涉村、夹津口 3 个人民公社。涉村人民公社辖罗泉、南庄、北庄、西坡、东安、前窑、东涉、西涉、后村、南沟、凌沟、羊角沟、浅井、上庄、洪河 15 个大队。

1983 年，撤社建乡，涉村人民公社改为涉村乡。

1990 年 3 月，撤乡建镇，涉村乡改为涉村镇。

2005 年 11 月，区划变更，桃园镇、涉村镇合并，统称涉村镇。

政 协

涉村镇人民政协（简称“政协”）认真履行政治协商、民主监督、参政议政职能，涉村镇设有政协联络办公室，制定了政协联络工作制度。涉村政协围绕党的大政方针和人民群众共同关心的问题，向上级职能部门反映社情民意，提出建议意见，配合党和政府开展各项工作。2017 年，涉村镇建设政协委员之家、政协委员活动室、谈心室。截至 2019 年 12 月，涉村镇共有巩义市级政协委员 6 人，其中中共党员委员 1 人，非党员委员 5 人。

群团组织

工 会 涉村工会成立于 1952 年。1985 年，全镇建立 4 个基层工会组织，会员 200 余人。2019 年，全镇有 29 个村级工会、12 个行业工会，会员 1481 人。在镇党委的领导下，积极实施《工会法》，在维护职工合法权益、督促厂矿企业政务公开和安全生产等方面起到了积极的作用。

共青团涉村镇委员会 涉村镇共青团成立于 20 世纪 50 年代后期。1973 年 4 月，共青团涉村人民公社第一次代表大会召开。近年来，在镇党委领导下，涉村镇团委凝聚青年力量，建立优秀青年人才库 460 余人，成立青年突击队 20 余支，大力开展青年助力乡村振兴等志愿服务活动。2019 年，全镇有 4 个基层团支部，团员 788 名。

妇 联 涉村镇妇女联合会（简称“妇联”）成立于 20 世纪 50 年代。近年来，镇妇联积极引导广大妇女发挥“半边天”作用，涌现出一批“三八红旗手”“劳动模范”“好媳妇”等先进典型。党的十八大以来，妇联号召妇女自尊、自信、自立、自强，鼓励妇女自学成才，在拓宽就业渠道、帮教帮扶活动中发挥了积极作用。

疫情防控中的共青团员　王利双　摄

妇联关爱困难儿童活动　涉村镇人民政府　供图

荣誉称号

涉村镇历年获得荣誉统计表

序号	时间	荣誉称号	颁奖单位
1	2013 年	郑州市林业生态建设工作先进单位	郑州市人民政府
2	2014 年	巩义市年度综合考评金杯	中共巩义市委　巩义市人民政府
3	2015 年	巩义市年度综合考评金杯	中共巩义市委　巩义市人民政府
4	2015 年	省级卫生村—西沟村	河南省爱国卫生运动委员会
5	2018 年	河南省乡村旅游特色村—北庄村	河南省旅游局
6	2019 年	省级卫生先进单位—北庄村、涌泉村、桑树沟村、西沟村	河南省爱国卫生运动委员会
7	2019 年	郑州市文明村镇—西沟村	中共郑州市委　郑州市人民政府
8	2020 年	党员教育培训示范性乡镇党校	中共河南省委组织部
9	2020 年	郑州市文明村镇	中共郑州市委　郑州市人民政府
10	2020 年	郑州市级卫生镇	郑州市爱国卫生运动委员会
11	2020 年	省级卫生村—涌泉村、北庄村、桑树沟村、东涉村	河南省爱国卫生运动委员会
12	2020 年	郑州市级卫生村—吴沟村	郑州市爱国卫生运动委员会
13	2020 年	创建全国双拥模范城工作集体三等功	中共巩义市委　巩义市人民政府

镇域经济

农　业

种植业

涉村镇粮食作物种植以小麦、玉米、大豆、谷子、高粱为主。中华人民共和国成立前，小麦亩产在100~120斤，玉米亩产200斤。中华人民共和国成立初期，小麦、玉米亩产在300斤左右。20世纪60年代，亩产增至400斤。70年代，亩产增至400~600斤。1985年，达到700斤。90年代后，亩产稳定在800~1000斤。进入21世纪，涉村镇大力发展特色农业，建成涉村镇万亩花椒、中药材、核桃基地，五指岭无公害农产品生产基地。

畜牧业

中华人民共和国成立前，马、牛、骡、驴等大牲畜以农户家庭饲养为主，主要用于农业生产；猪、羊养殖多为个体喂养，用于过年过节或婚丧等大事；鸡、鸭、鹅等家禽为个体粗放型散养，产蛋或过年过节食用。20世纪60年代，农村经济政策调整，大牲畜实行

春耕　何雪红　摄

涉村镇万亩花椒、中药材、核桃基地　马健　摄

五指岭无公害农产品生产基地　刘艳娜　摄

牧牛　赵文辉　摄

牧羊　曹振普　摄

小槽喂养，养殖数量有所增加；各村生产大队兴办畜牧场，每个畜牧场有30多头猪，大部分是放养。20世纪80年代，大牲畜饲养数量增加，部分养殖户开始养殖肉用牛、驴，用于增加经济收入；猪、羊收购价格不断上涨，辖区出现养猪、养羊专业户；养鸡数量增多，每户都养10多只鸡，全公社鸡存栏10万多只。进入21世纪，大牲畜不再农用，养殖业快速发展。2019年，全镇养猪户251家，年出栏生猪3000头；养鸡户15家，存栏7.43万只；养羊户64家，存栏3277只；养牛户61家，存栏305头；养蜂户77家，养蜂1097箱；养鸽场1个，养鸽5000只。

工　业

中华人民共和国成立前，涉村经济基础薄弱，工业落后。中华人民共和国成立初期，涉村没有大型工业，仅有一些小手工业。1958年，成立涉村人民公社陶瓷厂。1958年后，涉村人民公社开办社营煤矿3个，并办有机械厂、耐火厂、水泥厂、化肥厂、火药厂、农副产品加工厂、缝纫厂、面粉厂、皮革厂，共投资41.9万元。各村办有铁木修配厂19个、荆织厂12个、瓦盆厂8个、面粉厂3个。20世纪60年代，涉村积极发展社队企业。1968年，成立涉村人民公社桥沟煤矿。1969年，成立涉村人民公社机械厂。各村利用丰富的矿产资源，办起铝石矿、铝石窑、水泥厂、耐火厂、砖瓦厂等。1970年，涉村人民公社社队企业工业总产值19.1万元。1975年8月，涉村人民公社在西涉境内建设涉村煤矿。20世纪80年代后，社队企业蓬勃发展。1982年，工业企业总数达到38家，年产值297万元，利润82.8万元，固定资产净值139万元。1984年，工业企业总数达到53家，年产值667万元，利润41万元，固定资产净值229万元。1985年，工业产值1053万元，固定资产净值达651万元。20世纪90年代，建材行业迅速发展，恩威水泥厂、豫嵩水泥厂、上庄水泥厂相继成立，年产水泥20多万吨。1993年，工业企业948家，总产值2.48亿元，跻身郑州市30强乡镇先进行列。进入21世纪，工业转型升级，淘汰落后产能，整改关停高污染企业50余家，保留企业37家。

巩义市上庄煤矿　位于涉村镇上庄村。中华人民共和国成立初期，由上庄农会开办的人民煤矿，年产煤炭万余吨。1956年2月，被开封专署接收，更名为地方国营开封专区上庄煤矿，属国有企业。1958年，下放给巩县，更名为地方国营巩县上庄煤矿，年产煤炭16万吨。1974年，矿井进行技术改造，设计生产能力每年达45万吨，试验成功“恒底再生分

20 世纪 70 年代的上庄煤矿　巩义市党史办公室　供图

2020 年的巩义市上庄煤矿　涉村镇人民政府　供图

巩义市上庄煤矿监控室 李鹏星 摄

层采煤法”，列为中华人民共和国煤炭工业部（以下简称“煤炭部”）、河南省重大科研项目。1976 年和 1977 年，先后被河南省、煤炭部命名为“大庆式企业”，成为全国煤炭系统工业学大庆十面红旗之一。1979 年，获河南省先进科技一等奖。1985 年，年煤炭产量 56.2 万吨，年产值 1234 万元。1999 年 12 月，因经营困难被迫停产。2010 年 4 月，豫联煤业集团通过法定程序将上庄煤矿改制为上庄煤矿有限公司，年产煤约 60 万吨，利税 1200 多万元。

商 业

自古以来，涉村为通往登封、新密的必经之地。优越的交通位置，促进了涉村商业的繁荣。清末民初，涉村就是巩县的重要集镇之一。中华人民共和国成立前，涉村老街有饭店 13 家，皮匠铺 1 家，杂货店 10 家，中药房 6 家，粮行 11 家，估衣店 2 家，染坊 3 家，银匠楼 1 家，骡马店 7 家。中华人民共和国成立后，商业由供销社包揽，群众主要依靠古会与集市进行物资交流。1976 年，供销社由涉村老集迁到村北新街（现省道 S235 两侧），商业中心与集市随之转移。每周日一次大集，赶集人数达到上万人。农历腊月二十三开始年集，连续数日。1980—1984 年，每年集市交易大牲畜约 2000 头，成交猪羊约 3500 只，

巩县涉村供销合作社旧址　曹振普　摄

涉村镇区超市　王秀清　摄

成交额约660万元，1985年，涉村集市除供销社门市部外，有个体、合伙工商户395家。进入21世纪，镇域商贸区域达25万平方米，商户2000余家，年营业额10亿多元，是巩义南部中心集贸市场之一。

旅游业

党的十八大以来，涉村镇积极转型发展生态旅游业，从2016年起，先后引进郑州红太阳商贸有限公司、上海聚期资产管理有限公司、河南宿联旅游发展有限公司，推动经济向文化旅游、休闲度假、运动康养等现代新兴产业转移，建设生态宜居美丽新涉村。

杨家寨旅游项目依托北庄村独特的自然资源、传统民居及周边豫西抗日先遣支队司令部旧址等红色资源优势，积极探索打造红色党建教育基地。2016年8月，签订正式合作协议。项目一期“石居部落”于2017年6月28日正式营业，投资5000万元，包括创客公社培训中心1个、星级窑洞27间、创客膳房2处，可同时容纳150余人培训、就餐、住宿。项目二期“红船记忆”教育基地于2020年5月投入运营，投资500多万元，

“红船记忆”教育基地 韩彦丽 摄

“红船记忆”教育基地木屋　赵艺丹　摄

创客公社培训中心　韩彦丽　摄

杨家寨　李庆明　摄

建设木屋 15 间，党建文化墙 3 面，提高了入住率和游客接待量。截至目前，已接待观摩学习人员 9 万余人次。

五指岭国际旅游度假区项目以五指岭高山景观为基底，着力打造五指岭高山农副产品、水果、中草药种植示范基地，无线电防空洞为特色的国防爱国主义教育基地和以矿洞为基础的自然景观研学基地。利用山形地貌建设一批特色精品民宿，实现规模化、规范化、品牌化发展。总投资约 4.5 亿元，截至 2020 年 8 月，完成投资 700 万元。目前，正在完善道路基础设施、进行绿化等。

吴沟村“幽谷 · 奢院”旅居度假综合体项目，是由宿联文旅集团在疫情后时代打造的大健康度假产品。该项目以乡村振兴为着力点，充分发掘展示涉村石窑特色和“老家河南”河洛文化，以精品民宿为载体，努力做到服务高品质、发展可持续、资源可循环，打造中国康养度假高质量产品。2020 年 7 月，签订正式协议，总投资超过 1 亿元。目前，正在进行窑洞流转、完善规划等工作。

石居部落　位于青龙山杨家寨南侧。是利用民间石头窑洞打造的一处花园式精品民宿。面积 1200 平方米，为河南省四星级（食宿型）乡村旅游经营单位。该工程投资 7000 万元，

五指岭高山景观　石松峰　摄

五指岭高山农副产品生产基地　来书祥　摄

五指岭山路 刘艳娜 摄

改造民间石窑近 30 间，冬暖夏凉。设计融住宿、游览、美食、体验为一体，既体现了河洛文化的纯朴民风，又不失星级酒店的美丽舒适。2018 年，获得全国民宿博览会“优秀民宿推荐奖”。

望山民宿 位于涉村镇北部的洪河村，北邻九莲洞，南依九龙峡。利用旧有拱券石窑改建而成，保留和突出石头窑洞的原始风貌，融入了现代美学元素，拥有石砌客房、书屋、展厅、厨房 10 余间，建筑面积 200 余平方米。

隐庐山居 位于涉村镇大南沟村，距巩义市区 24 千米，紧临 S235 省道，建筑面积 300 平方米。四周青山环抱，北侧有仰韶文化遗址，南侧有登山步道、观景平台、思源亭等休闲处所，旅游服务设施完备。

吴沟　马健　摄

吴沟村石窑民居之一　韩彦丽　摄

吴沟石窑民居之二　张欣伟　摄

吴沟石窑民居之三　张建军　摄

石居部落之一　张建军　摄

石居部落之二　曹振普　摄

石居部落之三　曹振普　摄

石居部落之四　苌虹　摄

望山民宿之一　王秀清　摄

望山民宿之二　马健　摄

望山民宿之四　韩彦丽　摄

望山民宿之三　王秀清　摄

九莲洞 张欣伟 摄

隐庐山居之一 赵艺丹 摄

隐庐山居之二 马健 摄

红色传承

LOCAL RECORDS OF SHECUN

涉村镇是革命老区，现存红色遗址 20 余处，分布于全镇 14 个行政村，有省、市、县重点文物保护单位 8 处。

豫西抗日先遣支队司令部旧址

位于涉村镇上庄村第一、二、三村村民组交界处，原建筑为丁、田、李三家的祠堂，丁氏祠堂居中，李氏祠堂居东，田氏祠堂居西，均坐北朝南，共有青砖瓦房及院落 20 余间，其中丁氏祠堂规模最大，为两进院子。占地面积 2500 平方米，形成于 1944 年 11 月，1986 年 11 月被公布为河南省第二批文物保护单位。

河南（豫西）抗日根据地是抗日战争中，中国共产党军队开辟的最后一块根据地，是

豫西抗日先遣支队司令部旧址 马建敏 摄

当时全国 19 个大块解放区之一。在开辟这块根据地的斗争中，皮定均、徐子荣率领的八路军豫西抗日先遣支队是首支进入豫西的八路军部队，在无后方作战的艰苦条件下，开辟了以嵩山为中心，近万平方千米的解放区，为迎接八路军大部队进入豫西、成立河南军区创造了良好的条件，为河南抗日根据地的建立、巩固和发展做出了突出的贡献，在河南人民抗日斗争的历史上写下了光辉的一页。

1944 年 9 月 1 日，八路军豫西抗日游击支队在林县成立，皮定均任司令员、徐子荣任政治委员、方升普任副司令员、郭林祥任副政委兼政治部主任、熊心乐任参谋长。支队辖两个团（3 团、35 团）和 1 个警卫连。3 团团长钟发生、政委陈行庚，35 团团长王诚汉、政委马毅之。全支队共有 11 个步兵连、1 个炮兵连，总人数 1700 余人。9 月 6 日，支队从林县誓师出发，9 月底到达豫西，更名为八路军豫西抗日先遣支队。

丁氏祠堂　王秀清　摄

李氏祠堂　王秀清　摄

田氏祠堂　王秀清　摄

皮定均司令员住室　曹振普　摄

八路军豫西抗日先遣支队原计划以登封县白栗坪为中心，依靠嵩山建立根据地，但嵩山山势过于险峻，山中居住群众很少，不利于大部队机动和获得补给，并且登封境内敌伪势力猖獗，趁八路军立足未稳之际偷袭支队司令部，对初到豫西的支队工作破坏很大。皮定均经过考察，认为巩县南部为连绵不断的山区，作战回旋余地大，有利于建立根据地；北面有陇海铁路通过，可卡断敌人的运输线，便于控敌西侵；更重要的是，群众基础好，在支队入巩前就有抗击日寇的实际行动；同时，巩县还有较好的经济条件，能为部队提供后勤供给，有利于克服无后方作战的弊端。于是，支队决定把巩县作为根据地。支队司令部和政治部最初设在巩县崇仁乡茶店（现巩义市新中镇茶店村），后迁移至芝罗乡上庄、申沟（今涉村镇上庄村、夹津口镇申沟村）等地。

八路军豫西抗日先遣支队进入豫西后，成为豫西抗日斗争的领导者和中坚力量。支队自 1944 年 9 月挺进豫西，到 1945 年 2 月河南军区成立，仅 5 个多月时间，即打开了局面，站稳了脚跟，并坚持到抗战胜利。皮定均、徐子荣不仅善于运筹帷幄，而且亲民爱民，这支部队也被豫西群众称为“皮徐支队”。

1945 年 10 月，八路军豫西抗日先遣支队奉命撤离豫西。在豫西的一年时间里，八路军豫西抗日先遣支队活跃在南起临汝北部山区，北至陇海铁路，西达伊（河）西，东到密县的广大地区内，先后作战 200 余次，歼敌 5900 余人（日军 400 余），建立了抗日民主政权(11 个县级政府、数十个区政府）和相应的地方抗日武装（独立团、区干队和大量民兵），严重威胁了敌人的郑州、洛阳等战略要点和陇海铁路交通线，从战略上配合了各大抗日根据地的抗日斗争，支队主力与地方武装发展到近万人。

中共巩县县委、巩县抗日民主政府旧址

位于涉村镇上庄村第 3 村民组，原建筑为一处坐南朝北的院落，院内东面有 2 孔砖券窑洞，南边有 1 间瓦房，西边有 3 间瓦房。占地面积 200 平方米，形成于 1945 年 3 月，2009 年 6 月被列为郑州市第二批文物保护单位。

1944 年 10 月，八路军豫西抗日先遣支队任命苑春芳为中共巩县县委书记。此时，巩县成立县抗日民主政府的条件逐渐成熟：通过八路军豫西抗日先遣支队的抗日宣传，中国

中共巩县县委、巩县抗日民主政府旧址之一　马建敏　摄

中共巩县县委、巩县抗日民主政府旧址之二　王秀清　摄

中共巩县县委、巩县抗日民主政府旧址之三　王秀清　摄

中共巩县县委、巩县抗日民主政府旧址之四　曹振普　摄

共产党坚决抗战的影响不断扩大，为巩县抗日民主政府的成立打下了思想基础；通过黑石关战斗等武装斗争，打击了日伪的嚣张气焰，为巩县抗日民主政府的成立提供了军事保障；嵩山八路军抗日工作站、南山口青年抗日救国会的建立和发展，为巩县抗日民主政府的成立提供了干部基础；巩县第一区抗日民主政府的成立，为巩县抗日民主政府的成立提供了可靠的根据地。根据斗争形势的发展，嵩山区专员公署决定成立巩县抗日民主政府。

10 月中旬，在巩县崇仁乡西茶店村（今巩义市新中镇茶店村）召开群众大会，嵩山区专员公署专员范惠宣布巩县抗日民主政府成立，首任县长为郝纯镳。1945 年 1 月，郝纯镳赴豫西行政干校学习，县长由吉树甦代理。3 月，吉树甦去豫西军政干校学习，王桂五任县长。1945 年 3 月，中共巩县县委、巩县抗日民主政府移驻巩县芝罗乡涉村上庄村（今涉村镇上庄村），其组织机构根据战争需要和形势发展日趋完善。中共巩县委员会除书记苑春芳外，又增加了副书记兼组织部长赵永生，委员王桂五、傅东山、时英，秘书李菊、裴进学。巩县抗日民主政府下设机构秘书室、财粮科、公安科、司法科、抗勤科、工商税务局。在中共巩县县委、巩县抗日民主政府领导下，巩县抗日地方武装、群众团体相继建

中共巩县县委、巩县抗日民主政府旧址之五　王秀清　摄

立。巩县抗日独立团于 1944 年 11 月上旬成立，以豫西抗日先遣支队第 3 团 9 连为骨干，吸收第一区区干队队员和南山口青年抗日救国会部分会员组成，团长由郝纯镳兼任，政委由苑春芳兼任，副团长徐自强。全团 3 个中队，1 个侦察班，近 200 名战士，最多时发展到近千人。群众团体有巩县农民抗日救国会，主席刘天若；巩县妇女抗日救国会，主任先后由陈淑贞、时英担任；巩县青年抗日救国会，主席郝纯镳。

中共巩县县委、巩县抗日民主政府坚决贯彻执行党的抗战政策，在根据地实行正确的经济政策，减租减息，恢复生产，改善人民生活，壮大革命力量。开展统一战线工作，克服国民党顽固派制造的反共摩擦，最大限度地团结一切抗日力量。开展抗日游击战争，粉碎日本侵略者多次“扫荡”，沉重打击了日本侵略者。

特别是由中共巩县县委、巩县抗日民主政府首先实施的“倒地”政策，在维护抗日民族统一战线的前提下，最大限度地维护贫苦农民利益，兼顾地主利益，有力地促进了根据地经济的恢复与发展。“倒地”政策后来在整个豫西抗日根据地推广，收到了良好的效果。

1945 年 6 月，全县各抗日区都成立了党委。至 1945 年 8 月，全县党员已发展到 363 人。

党组织的迅速发展壮大，有力地保证了抗日斗争、除奸反霸、“倒地”、减租减息、农民运动及根据地后方建设的顺利进行。

1945 年 10 月，八路军豫西抗日先遣支队离开巩县，中共巩县县委、巩县抗日民主政府随部队一起撤离。

[注：“倒地”运动：1942—1943 年，河南大旱，贫苦农民为了活命，纷纷以极低的价钱向有钱户典当或卖掉自己本来就很少的土地，出外谋生。1944 年形势好转，外出农民纷纷回乡，但因土地被典当卖掉而无法生活，土地问题成了当时贫困农民最迫切需要解决的问题。1944 年冬天，由嵩山专署与巩县抗日民主政府共同商定，以专属名义发出“倒地”布告。倒地的原则是：“穷要倒富，富不倒穷，贫富相等，协商处理。”具体规定是：（1）在灾荒期（自民国三十一年七月起至三十二年九月底）因灾荒所迫卖出的土地房产准予原价收回；出典的土地房产准予原价赎回，价款依现时流通的货币。（2）地上青苗随买回或赎回的地权转移，不准毁坏。（3）土地上附着物应原物交换，如有损坏，酌情赔偿。（4）应买回、赎回的土地房产，一经评定判决，价款、文书当面一次交清。（5）对抗拒狡赖或玩弄伎俩、投机取巧者，一经查实，予以严惩。]

豫西军政干校、行政干校旧址

位于涉村镇浅井村第五村民组。原建筑为翟家祠堂，由 4 间坐东朝西、蓝砖砌成的平房及院落构成。占地面积 300 余平方米，形成于 1945 年 3 月，2009 年 6 月被公布为郑州市第二批文物保护单位。

为适应扩大敌后抗日根据地的需要，八路军豫西抗日先遣支队和豫西一专署先后建立了豫西抗日先遣支队军政干校和豫西专员公署行政干校，为根据地军政建设培养了大批干部。两所学校都设在巩县芝罗乡涉村（今涉村镇浅井村）翟家祠堂。

豫西军政干校由豫西抗日先遣支队司令员皮定均兼任校长，中共豫西一地委组织部长史向生兼任教育长。该校于 1945 年 3 月在浅井村翟家祠堂举办了第二期培训班（第一期在偃师举办）。军政干校的学员主要来自偃师、巩县、登封、密县、荥阳，共 300 余人。军政干校采取随军学习的形式，支队司令部走到哪里，课堂就开在哪里。军政干校的学习内容主要是由皮定均司令员讲授游击战术，徐子荣政委讲授群众运动，史向生讲授党的建设，孔祥祯讲授统一战线。讲课一般是趁战斗间隙或行军途中休息时在野外进行。军政干

豫西军政干校、行政干校旧址 涉村镇人民政府 供图

豫西抗日军政干部学校学员老照片 涉村镇人民政府 供图

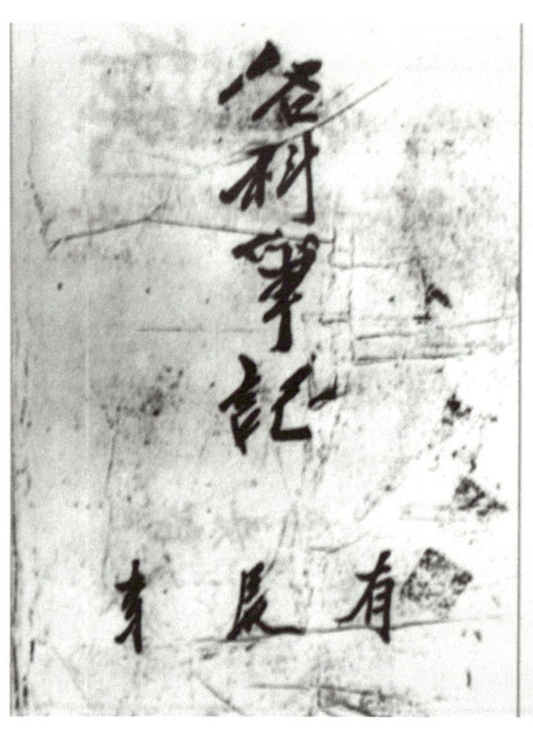

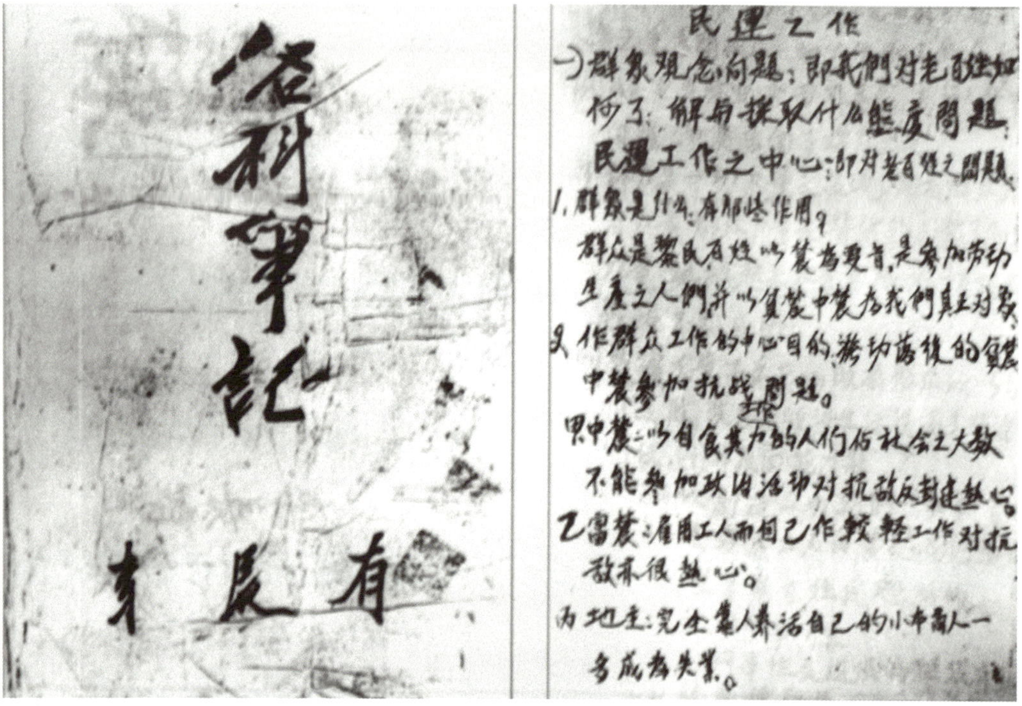

学科笔記

李長有

民運工作

一）群众观念问题：即我们对老百姓如何了解，用采取什么態度問題。

民運工作之中心：即对老百姓之關题。

1.群众是什么，有那些作用？

群众是農民有地以農為要者，是参加劳动生產之人們并以貧農中農為我們真正对象。

2.作群众工作的中心目的，推動落後的貧農中農参加抗战問題。

甲中農：以自食其力的人们佔社会之大数，不能参加政治活动对抗敌反封建熱心。

乙富農：雇用工人而自己作較轻工作对抗敌亦很熱心。

丙地主：完全靠人养活自己的小市商人一多屬為失業。

豫西军政干校学员学习笔记　涉村镇人民政府　供图

豫西军政干校、行政干校旧址　曹振普　摄

校还进行军事演习，曾配合第 3 团和巩县独立团进行了攻打明山寨的战斗。豫西军政干校从开办到 1945 年 8 月，共办 3 期，培训学员 400 余人，为根据地培养了大批军政干部。

豫西行政干校由豫西专员公署举办，为地方政权培训干部。学员都是来自豫西各县的工农群众和青年学生。在战争环境中，行政干校师生发扬抗大优良传统，利用树荫、场边、山头、祠堂作课堂，学习马列著作和毛泽东著作，学习军事和抗日时期党的各项政策。豫西行政干校共办 3 期，培训行政干部 1500 余人。

豫西一地委党校旧址

豫西一地委党校旧址位于涉村镇上庄村第 3 村民组。原建筑为一处坐北朝南的院落，北边两孔石券窑洞，其他三面为土木结构瓦房。占地面积 320 平方米，形成于 1945 年 5—9 月，2007 年 12 月被公布为巩义市第一批文物保护单位。

豫西地委党校旧址之一　王秀清　摄

豫西地委党校旧址之二　王秀清　摄

1945 年 5 月，为提高党员干部的政治觉悟、政策水平，中共豫西一地委在巩县芝罗乡涉村上庄村（今涉村镇上庄村）开办地委党校（公开名称是政训队），徐子荣兼任校长，周道（女）任校党支部书记，郎振岳任学生队长。党校学员由地方党组织选拔推荐，大都来自豫西的巩县、密县、荥阳、汜水、登封、伊川、偃师、临汝、洛阳、禹县十县，学员结业后大都担任基层组织领导。学习内容有三个方面：阶级教育，党的基本知识和党的建设，基础军事知识。由史向生（豫西一地委组织部长）、李国超（豫西一地委宣传部长）讲授中国社会阶级关系；周道、张峰、郎振岳三位教员讲授党的基本知识和党的建设，军事常识则由皮定均亲自讲授。学员在校期间每 10 人分成一组，集中做饭，分散在群众家中住宿，过军事化生活。当时条件艰苦，没有桌椅、书籍、纸张，上课时学员席地而坐，集中听讲，然后分组讨论，一般是半天讲课、半天讨论，学员学习热情十分高涨。

党校每期 2 个月左右，先后共办 3 期，培训党员干部 230 余人。党校举办期间大部分时间设在上庄村，曾短期转移到巩县芝罗乡申沟村（今巩义市夹津口镇申沟村）、偃师县夹沟村，不久后又回到上庄村。

豫西一地委党校虽然开办时间不长，但对豫西抗日根据地的发展和巩固起到了积极的作用，特别是其理论联系实际的教学方法，紧密配合根据地中心工作，既促进了抗日根据地各项工作的开展，又使学员在实际工作中得到了锻炼。

中共巩县二区区委、二区抗日民主政府旧址

位于涉村镇东安村第 2 村民组。原建筑为一处院落，有向西、向南两个大门，院内东、西、北三面有砖木结构平房。占地面积 130 平方米，形成于 1944 年 12 月，2007 年 12 月被列为巩义市第一批文物保护单位。

1944 年 12 月 1 日，巩县第二区抗日民主政府在芝罗乡姜沟村（今涉村镇东安村）成立。该区辖芝罗乡大部分以及尚义乡、圣林乡一小部分，即今涉村镇的全部，夹津口镇的大部分和芝田镇、西村镇、北山口镇的一小部分。区长郅文声，副区长吴永道、李景春（兼财

中共巩县二区区委、二区抗日民主政府旧址　曹振普　摄

粮助理）；农会副主席翟正义；武委会主任康荣福；公安特派员魏其荣、李化民。中共巩县第二区委于 1945 年 3 月成立，与区抗日民主政府合署办公，书记赵敏。

第二区因地处巩县抗日根据地腹地、群众基础好，是当时豫西较为巩固的抗日根据地之一，八路军豫西抗日先遣支队司令部，中共巩县县委、巩县抗日民主政府都设在这里。在抗日武装方面，第二区区干队是巩县规模比较大、战斗力比较强的区干队之一，曾配合八路军豫西抗日先遣支队、县独立团参加过歼灭国民党顽固势力的巩西南战斗、攻打偃师伪军贾书勋部战斗、反击登封伪军入侵等战斗。曾多次进入游击区、敌战区进行武装宣传。在减租减息和“倒地”运动中，该区充分发动群众，在坞罗村召开群众大会，公开斗争大地主魏公茂，取得胜利，为全县树立了榜样。

八路军豫西抗日先遣支队野战医院旧址

八路军豫西抗日先遣支队野战医院旧址位于涉村镇洪河村第五村民组、新中镇灵官殿村第八村民组。洪河村旧址原建筑为石券窑洞、石砌平房及院落，新中镇灵官殿村原建筑为坐北朝南的三间石券窑洞及院落。占地面积 2000 平方米，形成于 1944 年 11 月，2007 年 12 月被公布为巩义市第一批文物保护单位。

八路军豫西抗日先遣支队到达豫西后，由于战斗频繁，伤病员不断增加，医治伤病员，搞好战地救护和卫生防疫成为保障部队战斗力的重要工作。先遣支队于 1944 年 11 月创办了部队野战医院，支队卫生部长高长喜兼任院长，赖玉民任医务主任。

野战医院下设 3 个医疗所。第一医疗所设在涉村洪河村（今涉村镇洪河村），所长伍子辉，指导员冀铁成。该所规模较大，占用了洪河村牛家门（今涉村镇洪河村第五村民组）十余户民居，有医护及管理人员近百人，皮定均司令员和六支队司令员刘昌义曾在该所养伤。第二医疗所设在崇仁乡灵官殿村（今巩义市新中镇灵官殿村），詹旭东任所长，有医护人员 50 余名。该所于 1945 年 8 月迁到荥阳。第三医疗所设在登封白栗坪杨树林，李崇山任所长。

当时，支队野战医院和各医疗所药物和医疗器材非常缺乏。做手术时，没有手术刀就用剃头刀，没有骨锯就用木匠的木锯，没有消毒器皿就用群众的蒸笼代替。为采购药品，部队和医院派人冒着生命危险到敌占区的孝义、洛阳等地购买。医护人员克服重重困难，想方设法为指战员治病疗伤，让他们早日康复，重返前线。

八路军豫西抗日先遣支队野战医院旧址　曹振普　摄

嵩山区专员公署粮库旧址

嵩山区专员公署粮库旧址位于巩义市米河镇明明月村第五村民组，新中镇杨树沟村第九村民组，涉村镇王庄村第四村民组、洪河村第七村民组、罗泉村第七村民组等地。明月村原建筑为临路而建的3孔石砌窑洞；杨树沟村原建筑为4孔石砌窑洞及院落，窑内拱形顶，中间有隔层，把粮库分为上下两层；王庄村原建筑为2间砖木结构瓦房及院落；洪河村原建筑为4间土木结构瓦房及院落；罗泉村原建筑为2孔坐东朝西的土窑洞。旧址占地分布多处，形成于1944年10月—1945年9月，2007年12月被公布为巩义市第一批文物保护单位。

中共巩县县委、巩县抗日民主政府实行恢复发展生产的经济政策，广大农民生活得到改善，积极缴纳公粮，使根据地党政军的粮食供给得到保障。为加强粮食供给管理，嵩山区专员公署在今巩义市米河镇、涉村镇、新中镇、西村镇等地设立了军用粮库。

当时没有专门的粮仓，粮食分散保存在群众家中，并派有专人管理。粮库除保管粮食外，还负责军用粮食的调拨，设有粮食转运点，一处设在罗泉，主要供应巩县以外的抗日部队；一处设在堤东，主要供应八路军豫西抗日先遣支队、嵩山区专员公署和巩县抗日独立团。1945年夏收后，专署为照顾相邻县、区群众就近送缴公粮，在荥阳、巩县、汜水、密县四县交界处的搠刀泉村建立了两处粮库。

嵩山区专员公署涉村镇王庄村粮库旧址　中共巩义市委党史研究室　供图

嵩山区专员公署罗泉村粮库旧址　中共巩义市委党史研究室　供图

嵩山区专员公署洪河村粮库旧址　中共巩义市委党史研究室　供图

中共巩县第七区委、第七区抗日民主政府旧址

中共巩县第七区委、第七区抗日民主政府旧址位于涉村镇羊角沟村第二村民组。原建筑为一处坐西朝东院落，包括西面3孔石窑洞，南拐角处向东1孔石窑洞，南北相对2间配房。占地面积230平方米，形成于1945年6月，2007年12月被公布为巩义市第一批文物保护单位。

1945年6月初，巩县第七区抗日民主政府在芝罗乡羊角沟（今涉村镇羊角沟村）成立。该区辖巩县、登封、密县三县结合部的一些村庄，故又称巩登密联合区。区长吴永道、副区长康建平、杨新琪；财政税收李金木；粮食供应杨根东、崔国华。中共巩县第七区区委于同月稍晚成立，与区政府合署办公，书记刘天若。第七区区干队成立较晚，从当时的形势看，虽然根据地已经巩固，控制了局面，但是登封县土顽势力很强，斗争仍很复杂。该区区干队曾两次打退登封县国民党顽固势力的进攻。6月中旬，区干队配合八路军豫西抗日先遣支队两次攻打登封县纸坊寨，拔除了日伪据点。1945年8月初，第七区区干队配合八路军豫西抗日先遣支队攻克登封县重镇唐庄，击溃日伪军刘光华、王国杰部。第七区抗日民主政府进驻唐庄，根据地迅速向南扩展，直至登封县卢店以南地区。

中共巩县第七区委、第七区抗日民主政府旧址全貌　中共巩义市委党史研究室　供图

中共巩县第七区委、第七区抗日民主政府旧址院落　中共巩义市委党史研究室　供图

巩县抗日民主政府公安科旧址

巩县抗日民主政府公安科旧址位于涉村镇东涉村第二村民组。原建筑为一处坐北朝南的院落，北边是2孔土窑洞，东西两边为土木结构瓦房。占地面积100平方米，形成于1945年4月。

巩县抗日民主政府公安科于1945年4月在巩县芝罗乡东涉村（今涉村镇东涉村）成立，后转迁到申沟、上庄（今巩义市夹津口镇申沟村、涉村镇上庄村），后搬回东涉村。1945年8月，县公安科改为县公安局。

在战争环境下，公安科不仅负责维护社会治安，而且在巩固基层政权、反特锄奸、侦察情报、促进根据地经济恢复与发展等方面也发挥了重要作用。

巩县抗日民主政府公安科旧址　中共巩义市委党史研究室　供图

林台山反扫荡战斗遗址

林台山反扫荡战斗遗址位于涉村镇西沟村第四村民组南山、罗咀和南虎岭交叉处。原战场为山区，山高林密，民兵在此修建有石头砌成的哨所3间。旧址地处山区，范围广大，形成于1945年7月。

1945年6月，为防止登封方向的敌人入侵，保卫巩县抗日根据地的安全，八路军豫西抗日先遣支队在今涉村镇与登封市交界的南部山区设立了长达5华里的防线，由民兵防守，林台山就是防线上的一段。7月15日，八路军豫西抗日先遣支队主力外出作战，根据地的保卫任务由地方民兵承担，登封县伪军得到消息后即派出300多人向巩县抗日民主政府所在地芝罗乡上庄村（今涉村镇上庄村）进犯。

7月18日拂晓，把守在林台山东侧防线上的民兵发现敌人，随即展开战斗。当时放哨的8名民兵只有1支步枪，其他人用的是大刀和长矛，但这些民兵面对数十倍于己的敌人毫不畏惧，与敌人展开激烈的搏斗，但终因敌我力量悬殊过大，民兵张学、赵茂、冯同学、王焕英勇牺牲，张志钦、赵荣、张松枝冲出包围，回涉村报信求援。天刚放亮，敌人已抵近涉村，情势十分危急。正在这时，八路军主力一部30余人外出作战返回，得知防线失守，立即抢先占领制高点，对准敌群连发3炮，炸死炸伤敌人数人。敌人摸不清

巩县抗日根据地纪念碑　涉村镇人民政府　供图

我方实力，急忙抬起伤员逃回登封县。

8月17日，八路军豫西抗日先遣支队和巩县抗日民主政府在上庄村召开庆功会，皮定均司令员在会上发表讲话，奖给民兵3支步枪，并追认张学、赵茂、冯同学、王焕为烈士。

在林台山战斗中，民兵虽然缺枪少炮，临战经验不足，但英勇顽强，不怕牺牲，以血肉之躯抗击了数十倍于己的敌人，最后在主力部队的配合下，击溃敌人，保障了抗日根据地的安全。

林台山反扫荡战斗遗址　中共巩义市委党史研究室　供图

文物胜迹

涉村东大庙　马建敏　摄

涉村东大庙

涉村东大庙又称中岳后庙、关帝庙，位于镇区东南。始建于唐宋时期，为古道观，面积5000平方米。庙内有三皇殿、卢医殿、三官殿、无极殿、祖师殿、关爷殿、白衣阁等建筑。有宋代石供床1座，建于北宋宣和二年（公元1120年）。2008年6月，被列为河南省第二批重点文物保护单位。

黑山头寨

黑山头寨又名黑风寨，位于涉村镇洪河村。始建于元代，为村民结寨自卫而修筑的山寨。山寨顺山脊而建，东西长500米，南北宽20米，寨内地势较为平坦。现存东寨门及寨墙约500米、炮楼基础及西侧通道。西侧通道为在山体上利用自然缝隙人工修筑的小门，仅容一人通过。炮楼位于西门上部，正方形，长宽均为6米，墙高2米，厚1.5米，石块垒砌，四壁均有瞭望台。东寨门成拱形，门长6.5米，宽2米，高2米，两边过道有两耳房，过道高3米，寨墙约500米，寨门及寨墙均为片石干砌。2009年6月，被列为郑州市第二批文物保护单位。

黑山头寨　马健　摄

平定寺

平定寺位于镇区东南寺坪村，占地面积2000平方米。始建于明代万历年间，历经重修。该寺从山门进入，分上下两院，上院为正殿，有诵经阁、藏经阁、香客房等；下院有僧房、罗汉殿和议事厅。寺内存唐宋明清重修碑数块。2007年12月，被列为巩义市第二批文物保护单位。

涉村平定寺　曹振普　摄

古树名木

凌沟村青檀，榆科翼朴属，树龄3000年。

西沟村橿子栎，壳斗科栎属，树龄2600年，保护等级为国家一级。

三峪河村南蛇藤，卫矛科南蛇藤属，树龄1000年。五角枫，槭树科槭属，树龄800年。皂角，豆科皂荚属，树龄800年。

羊角沟村木梨，蔷薇科温泊属，树龄1000年。

上庄村橿子栎，壳斗科栎属，树龄1000年。

洪河村橿子栎，壳斗科栎属，树龄1000年。

黑沟岭村国槐3棵，豆科槐属，树龄600—1000年。

吴沟村橿子栎2棵，壳斗科栎属，树龄800年。

凌沟村青檀　马健　摄

西沟村橿子栎　王秀清　摄

三峪河村南蛇藤　曹振普　摄

三峪河村五角枫　曹振普　摄

黑沟岭国槐　曹振普　摄

风土民情

LOCAL RECORDS OF SHECUN

美食小吃

西沟花椒大饼　王秀清　摄

西沟花椒大饼

由鲜嫩花椒与锅盔大饼组合而成。花椒选自山中原生态生长的嫩花椒，加入蒜苔粒、牛肉等不同辅料炒制而成。锅盔大饼采用农家小麦自磨全麦面粉制作，麦香纯正，回味无穷。花椒的鲜香与大饼的甜香相互碰撞，美味可口，唇齿留香。

姜沟手抓羊肉　王秀清　摄

姜沟手抓羊肉

羊肉采用农家自养山羊，羊肉大块投入开水锅中，加入花椒、八角、桂皮等调料，盖锅炖煮，骨肉分离时取出，配以辣椒油、韭花酱、腐乳、蒜泥等蘸料食用，肉味鲜美，不腻不膻，色香味俱全。

洪河橡子凉粉　王秀清　摄

洪河橡子凉粉

野生橡子晒干、去壳、磨粉，制作成凉粉，加入特制料汁调制而成。制作时用山泉水，洪河橡子凉粉细腻爽滑、筋道可口，成为夏日解渴、消暑的一道美味佳肴。

五指岭大碗菜

五指岭大碗菜又叫烩菜。把石磨老豆腐、

红薯粉条、自制酥肉、丸子、红烧肉及白菜、海带等食材放在一起，加入高汤及辅料，大火炖煮，汤鲜味厚，营养丰富，老少皆宜。

涉村街手工面皮

采用石磨面粉，经洗、蒸等多道工序，纯手工制作而成。面皮拌黄瓜丝、绿豆芽，放入辣椒油、醋、花生碎、芝麻酱拌匀即食，口感筋道，又辣又香，让人满口生津。

五指岭金银花　王秀清　摄

土特名产

五指岭金银花

五指岭一带山峦起伏、沟壑纵横，海拔高度多在 800 米上下，属高山阴凉湿润区，昼夜温差大，土质为重粘土和红粘土，适宜金银花生长。金银花泡在杯中直立而不倒，香清、味浓，疗效好。

五指岭小金籽玉米之一　王秀清　摄

五指岭小金籽玉米

产于涉村镇东南地区海拔 1200 多米的五指岭，早播晚熟，光照充足，生长周期长。小金籽玉米是涉村山区传统的特有品种，耐寒耐旱，籽小色黄，含糖量高，味美甘甜。

五指岭小金籽玉米之二　王秀清　摄

南庄薄皮核桃

产于涉村南庄境内婴梁山阴，其外形美观，皮薄、含油量大，出仁率高，药食并用，营养丰富。

涉村柿饼

产于涉村羊角沟村、三峪河村一带，自然晾晒、手工制作，个大肉厚，无籽霜多，甜而不腻，软糯不黏牙，久储不干，食之生津润肠。

五指岭柿子醋

采摘自然柿子，放入传统大缸，密闭发酵而成。色泽似红酒，有酸甜酒香，味道醇厚，在空气中久置能产生醋膜，常食可促进血液循环。

五指岭柿子醋　王秀清　摄

生活习俗

婚姻习俗

订　婚　1949 年以前，当地农村秉承门当户对的观念，孩子尚未成年，有的甚至六七岁便托人提亲，叫娃娃亲。两家家长感情好的甚至指腹为婚。婚姻大事，遵父母之命，听媒妁之言。订婚先传媒人说和，合完八字，男方便给女方送指实贴，接到女方回帖后，男方牵羊一只，备好衣服、首饰、点心、礼条（长条肉块）到女方家行聘礼、送龙契。1945 年，豫西抗日先遣支队进驻涉村，提倡婚姻自由，主张妇女有权提出退婚或离婚。1949 年以后，订婚男女双方完全自主，父母只当参谋。女方仅要些粗布、棉花、棉线及首饰作为彩礼。20 世纪 80 年代，彩礼为自行车、缝纫机、手表、高档服装等。

送好儿　到了婚龄，男方找算命先生，择黄道吉日，将生辰八字写在红纸上，送达女方，称为“送好儿”。之后油漆家具、裱糊洞房，筹办酒席，预备成婚。

婚　娶　婚娶当日，新郎着长袍短褂、披红绫、骑骏马到女方家迎娶。新娘盛装打扮，坐于轿中。引礼的先行，抬轿的、帮轿的、娶亲的、送客的、带钥匙的前拥后簇，热闹非凡。迎娶到家，行三拜礼，然后进入洞房。20 世纪 80 年代后，用鲜花装饰的汽车娶送。

叫　客　姑娘出嫁第三天，由女方至亲牵着牲口，到男方家迎接姑娘回门，回娘家小住，称为叫客。

望夏、瞧节　姑娘出嫁后，其父母，每逢五月端午节，六月初六携礼前往闺女家探望，称为望夏；八月十五姑娘带上月饼到娘家贺中秋，正月初二给父母送油糕，走娘家、尽孝道，称为瞧节。

拜　寿　岳父寿日，女婿携白酒、糕点、肉、衣物等为长辈拜寿。女儿蒸寿桃、雁奉上，取其谐音；意为老人延年益寿。

抹花脸　当地结婚办喜事，近邻或朋友用各种颜色为男方父母涂抹花脸，有的还让公公穿上大襟布衫，头戴假发，化妆成老太太模样，营造欢乐气氛。

生育习俗

报　喜　孩子出生，男孩儿叫添丁，女孩儿叫添千金。一般生产三天或四天后，男方要备上点心，烟酒等礼物到女方娘家给岳父母报喜，告知娘家是男是女，喜事临门。

瞧毛孩儿　孩子出生七八天后，娘家包括近门亲属带上鸡蛋、红糖、葱等登门看望出生的婴儿，俗称瞧毛孩儿。

吃面条儿　孩子出生十八天或二十天后，男方要宴客庆贺。按老规矩，娘家要用钩担担上两个红提斗，一头米，一头面，米面上边是婴儿的衣服，来给新生儿庆贺。米和面是礼物的主要成分，所以当地又叫送米面。其他亲戚朋友也会登门祝贺，贺礼一般为三尺花布或小孩衣物之类的。待客的主要食物是面条，寓意平平安安，健康长寿。

系长命锁　孩子满周岁，一些比较讲究的家庭，要给孩子系上长命锁，寓意辟邪除瘟，保佑孩子健康成长。

岁时节俗

春　节

俗称“年下”“过年”，过了腊月二十，人们就开始为“年下”做准备。二十三祭灶官，二十五磨豆腐，二十七备柏枝，二十八贴戛戛，二十九蒸馍篓，年三十包扁食，大年

新春文艺调演之一　席文伟　摄

新春文艺调演之二　王向东　摄

新春文艺调演之三　王向东　摄

新春文艺调演之四　王向东　摄

初一弯腰作揖。传统的春节一般是从腊月二十三开始到正月十六结束。

古时，春节期间从初一到初五，街上店铺关门，开始串亲访友或观看民间娱乐活动。过了正月初五，也就是破五，店铺陆续开张。

端 午

当地人在这一天要吃粽子，割艾草，戴五色，放风筝。

中秋节

当地有拜月习俗。节日当晚，家家都要供上瓜果月饼，祭拜月亮，以祈百事圆满，合家团圆。

方言土语

搁不住（不值得）

夜儿黑老（昨天夜里）

麦口（麦黄时候）

才起头儿（刚开始）

迂阔先儿（忽悠）

尖倔（精明）

麦秸火脾气（暴躁）

年根儿杆（年底）

仰摆脚儿（仰卧）

腾锅（锅放火上）

藏莽虎（捉迷藏）

雁美儿（正好）

一胡片（一大片）

麻利（干练、利落）

渊杠（不顺畅）

扯黑喽（打鼾）

浮头儿（最上面）

不撬势儿（不拘束）

滴星儿（零星落雨）

抹帽儿（摘掉帽子）

后把儿（后脑壳）

磨症（应付　消磨时间）

尖嘴溜猴儿（身体瘦削）

门坷台儿（门耳洞）

动势儿（开始出动）

溜摩（拍马屁）

捏搁（将就）

玩势儿（使手段）

利散（干净利索）
圪司（犹豫）
肚补唧儿（肚脐）
肐膊（胳膊）
嬷嬷娘（伯母）
爷儿俩（父子两个）
妗子（舅母）
老奶（曾祖母）
重孙子（玄孙）
小姨子（妻妹）
大舅子（妻哥）
迥哩不像（趾高气扬）
喷阔儿（闲聊）
拜把子（结拜弟兄）
贼星（流星）
核桃肐塔儿（踝骨）
鼻肐答儿（鼻梁）
伯娘（父母）
耳根台儿（耳陲）
脊梁（脊背）
老爷（曾祖父）
鼻窟窿儿（鼻孔）
条串（连襟）
小舅子（内弟）
月子毛孩（婴儿）
老巴子（狼）
吃遭呲（挨批评）
木气（面相老实）

麦熟　曹振普　摄

谚 语

农 业

路边菊花开，地里乱撒麦。

头伏萝卜二伏芥，三伏头上种白菜。

人哄地皮，地哄肚皮。

锄头有水，杈头有火。

立夏不下，犁耙高挂。

花锄七遍，疙瘩联串。

秋收一张锄，麦收一张犁。

谷子上囤，核桃挨棍。

麦熟半晌，蚕老一时。

干犁湿和，不如在家坐。

天 气

五指岭戴帽，长工睡觉。

日头倒宵，小孩儿晒哩蹦跳。

要想暖，枝头椿花大似碗。

东风头大，西风腰粗。

干冬湿年下。

一星管半夜，三星管天明。

冬天响雷遇旱年。

早看东南，晚看西北。

乌云接太阳，到不了明儿后晌。

事 理

病来如山倒，病去如抽丝。

多个朋友多条路，少个冤家少堵墙。

云过五指山 来书祥 摄

有理不在腔高。

绳自细处断，鞋从顶头儿烂。

挽到篮里才是菜。

树活一身皮，人活一张脸。

拄拐棍要长，交朋友要强。

金钱如粪土，脸面值千金。

识人劝，吃饱饭。

学会武艺不压身。

好鞋不踏臭狗屎。

家有万贯，也有一时不便。

有钢使在刀刃上。

火心要虚，人心要实。

不能搬倒树捉老鸦。

别人相劝是一会儿，自己相劝是一辈儿。

自小看大，三岁看老。

传统民居

涉村域内有川地、丘陵、山地。根据居住区域不同，大致有拱券石窑、土窑、青砖瓦房三种形式。

拱券石窑

一般选在向阳靠山地带，以石块为原材料，垒砌而成，顶部为拱形。先期券窑用原始石块，清朝中期后，石块用錾冲洗，垒砌出线，看起来更美观。家居一般三五间石窑，一个院落，院墙、茅厕、猪圈、鸡舍均以石头垒砌，经久耐用，冬暖夏凉。

土　窑

丘陵川地居民常在临近村落的向阳土崖下，开挖窑洞，经济省时、冬暖夏凉，短时间即可入住。

拱券石窑　苌虹　摄

土窑　朱广健　摄

青砖瓦房

主要分布在涉村老街一带，过去的店铺和民居多为青砖瓦房。建筑形式为明清时期的硬山式建筑，土木结构，四角以砖做柱，地基以砖石垒砌，中间辅墙以土坯填充，有的用夯土墙，里外用泥巴批面。房脊装饰五脊六兽。为了保持房子坚固，部分家庭还采用了四梁八柱的建筑模式。院落一般有正房、厢房、门楼组成。

青砖瓦房　曹振普　摄

艺文

游蒲池

[清]刘潜

在山何澄清，出山何澎湃。

欻然东石深，激荡随东迈。

傍崖乱杨柳，缘岸杂浦稗。

急流入石罅，聒聒如清话。

注：刘潜，又名文潜，号草窗，巩义市夹津口镇人。清乾隆四十一年（1776年）庠生，著有《刘草窗文集》。

蒲池　马健　摄

游方山

[明] 郑交

叠嶂层峦九曲隈，游人深入意徘徊。

岫云缥缈连不断，窦水潺湲去复回。

傍屋茅檐苍石掩，穿崖萝径紫烟开。

我来欲写山中景，愧乏辋川诗画才。

注：郑交，汜水人，读书一过辄记，下笔千言立就。

方山　王向阳　摄

冷 沟

[清]孙枝荣

主人一杯酒，带我游山屐。
出行入冷沟，冰雪太古积。
风烈岩石落，泉脉冻滴沥。
乱峰插碧天，天光露微白。
云际忽烧红，心知日已夕。
同行四五人，个个无停策。
樵夫炊寒烟，吼之反见责。
下有老龙潭，深蟠千余尺。
语声不自检，十月起霹雳。

注：孙枝荣，字于阳，号大朴，巩义市回郭镇人，乾隆己亥（1779年）举人，曾参加《河南府志》《巩县志》编修，有《青铜阁诗文集》传世。

粜米涉村

[清]孙函三

健驴驱得日匆忙，来往涉村作米商。
荆海夹山分鸟道，波浮罗水印虹梁。
平明经渡夹津口，薄暮还归石井乡。
西面苍黄本故里，金牛峰下指斜阳。

注：孙函三（1823—1892年），字景霄，号云麓，巩县鲁庄镇东侯村人。清同治壬戌科（1862年）举人，曾任新郑县儒学副堂。

冷沟　杨元来　摄

涉村山道　曹振普　摄

名人与名镇

革命英烈

石五姓 男，涉村镇西坡村人，生于1915年。1944年，参加豫西抗日先遣支队。1945年1月，牺牲于回郭镇。

贺聚良 男，涉村镇上庄村人，生于1918年。1944年豫西抗日先遣支队驻巩县后参加八路军。1945年4月，在对日作战中牺牲，时任连长。

张 学 男，涉村镇桃园村人，生于1909年。1944年豫西抗日先遣支队在涉村建立抗日根据地后，加入地方民兵自卫队。1945年7月，在林台山阻击战中牺牲。

赵 茂 男，涉村镇桃园村人，生于1927年。1944年，豫西抗日先遣支队进驻巩县后，参加地方民兵自卫队。1945年7月，在林台山阻击战中牺牲。

冯同学 男，中共党员，涉村镇桃园村人，生于1921年。1944年，豫西抗日先遣支队进驻巩县后，加入地方民兵自卫队。1945年7月，在林台山阻击战中牺牲。

王 焕 男，涉村镇西沟村人，生于1922年。1944年，担任巩县二区抗日民兵队队长。1945年7月，在林台山阻击战中牺牲。

侯全有 男，涉村镇凌沟村人，生于1926年。1945年3月，参加八路军豫西抗日先遣支队。1945年7月，牺牲于登封。

翟同蒿 男，中共党员，涉村镇浅井村人，生于1927年。1944年9月，参加后豫西抗日先遣支队教导队。1945年7月，在登封一次战斗中英勇牺牲。

翟胡子 男，涉村镇凌沟村一组人。1944年9月，参加豫西抗日先遣支队。1945年7月，在登封执行任务中牺牲。

翟可谦 男，涉村镇浅井村人，生于1913年。1945年参加革命，当年8月牺牲于山西洪洞县。

张 壮 男，涉村镇洪河村十三组人，1878年生。1944年，任涉村洪河村闾长，在豫西抗日先遣支队野战医院驻扎洪河村时参军，负责筹粮和后勤杂务。1945年9月，牺牲于巩县米河镇佛上寺。

李 赖 男，涉村镇东涉村人，生于1912年。1945年，参加八路军后豫西抗日先遣支队。1945年10月，在登封对日作战中牺牲。

康老永 男，涉村镇北庄村一组人，生于1917年。1944年6月，参加八路军豫西抗日先遣支队。1945年，牺牲于禹县。

晁黑妮 男，涉村镇王庄村人，生于1918年。1945年参加后豫西抗日先遣支队，在登封白栗坪对日军作战中牺牲。

李银山 男，涉村镇东涉村人，生于1918年。1945年，在豫西抗日先遣支队任班长。1945年，在登封县白栗坪对日作战中牺牲。

康占光 男，涉村镇北庄村三组人，生于1920年。1944年9月参加革命，豫西抗日先遣支队战士。1945年在登封大冶、白栗坪执行任务时牺牲。

李小才 男，涉村镇吴沟村人，生于1921年。1945年参加八路军豫西抗日先遣支队。1945年，在登封帮助群众转移中，遭敌人袭击，壮烈牺牲。

李玉坤 男，涉村镇东涉村人，生于1923年。1945年在八路军后豫西抗日先遣支队担任侦察兵，同年在登封对日作战中壮烈牺牲。

贺　占 男，涉村镇东涉村人，生于1921年。1945年，参加巩县抗日民主政府独立团，曾参加巩县鲁庄念子庄战斗。后豫西抗日先遣支队南下，在作战中牺牲。

曹喜来 男，涉村镇前窑村人，生于1922年。1945年，任豫西抗日先遣支队侦察兵，在执行侦察任务时为掩护战友撤退，牺牲于巩义市鲁庄镇念子庄。

李小五 男，1945年8月参加八路军，第三旅二团一营重机枪连战士。1946年6月，在大别山与国民党部队作战中牺牲。

李华敏 男，涉村镇西涉村人，生于1920年。1945年2月参加革命，在豫西抗日先遣支队一团九连任文书。1946年7月，牺牲于望云山。

翟保团 男，中共党员，涉村镇浅井村人，生于1923年。1945年，在五四二团五连任班长，1946年10月，在江苏涟水战役中牺牲。

丁占海 男，涉村镇上庄村人。1944年，参加八路军。1945年随军南下，1946年在解放江苏时牺牲。

蔡　九 男，涉村镇上庄村人，生于1914年。1944年，加入八路军后豫西抗日先遣支队。1946年，在山东枣庄战役中牺牲。

王清贤 男，生于1928年。1945年参加革命，巩县抗日民主政府独立团战士，当年随后豫西抗日先遣支队南下，1946年在大别山区与国民党部队作战中牺牲。

刘功胜 男，涉村镇后村村三组人，生于1925年。1944年，在八路军后豫西抗日先遣支队钟发生团侦察连任侦察员。1946年，在安徽省明光火车站执行任务时牺牲。

韩全贵 男，涉村镇凌沟村人，生于1926年。1945年，在华东独立师二团六连任班长。

1947 年 5 月，在山东孟良崮战役中壮烈牺牲。

刘　毅　男，涉村镇洪河村七组人，生于 1908 年。1948 年参加中国人民解放军，七纵十九旅 55 团战士。1948 年 4 月 4 日，在河北省蠡县二区南庄村的一次战斗中牺牲。

翟进义　男，中共党员，涉村镇北坡村人，生于 1901 年。1944 年参加革命，曾任桃园片区区长、农会主席。1948 年，牺牲于涉村东大庙。

蔡　全　男，涉村镇上庄村人，生于 1922 年。1947 年 8 月，参加中国人民解放军，八纵十三师六十八团三营战士。1949 年，在解放湖北武汉市的战斗中牺牲。

阎保玉　男，生于 1921 年。1944 年，在八路军十三纵三十七旅任班长。解放战争时，在山西的一次战斗中牺牲。

张来意　男，涉村镇三峪河村人，生于 1915 年。1945 年参加八路军豫西抗日先遣支队，后随军南下，在解放战争中牺牲。

杨　庆　男，涉村镇凌沟村人。1945 年 2 月参加革命，在巩县抗日民主政府独立团任通讯员，后随部队南下，在解放战争中牺牲。

李明中　男，涉村镇西涉村人。1945 年 6 月，任巩县抗日民主政府独立团六中队炊事员。后随部队多地转战，在解放战争中牺牲。

丁　立　男，涉村镇上庄村三组人，生于 1924 年。1944 年，参加八路军豫西抗日先遣支队。在解放战争中牺牲于山西省太原战场。

李桂成　男，涉村镇西坡村人，生于 1925 年。中国人民志愿军第 202 师炮营二连战士。1950 年，牺牲于朝鲜战场。曾立二等功。

姜　保　男，涉村镇西坡村人，生于 1926 年。1950 年，参加中国人民志愿军。1951 年 1 月，牺牲于朝鲜战场。

姜同义　男，涉村镇三峪河村人，生于 1921 年。1950 年，在中国人民志愿军六十一军重机枪连任连长。1951 年，牺牲于朝鲜战场。

李大性　男，涉村镇后村村五组人，生于 1932 年。1951 年，在河南省军区暂编九团任班长。1952 年 3 月，在荥阳执行任务时牺牲。

李胡振　男，中共党员，涉村镇西涉村人，生于 1931 年。豫西抗日先遣支队战士。1952 年，8 月牺牲于荥阳。

韩太彦　男，涉村镇凌沟村人，生于 1930 年。1951 年 2 月，参加中国人民志愿军，150 师 449 团二连战士。1952 年 8 月，牺牲于朝鲜战场。

吴维松 男，生于 1927 年。中国人民志愿军 341 师 101 团二连战士。1952 年 9 月，在朝鲜战场牺牲。

丁学义 男，涉村镇上庄村人，生于 1921 年。1950 年，参加中国人民志愿军，1952 年 10 月牺牲于朝鲜战场。

刘　正 男，涉村镇后村人，生于 1931 年。1948 年参加巩县六区区干队，后转入县大队。1950 年，在中国人民志愿军后勤部十一兵站政治处任班长。1952 年 10 月，在朝鲜元山执行任务时壮烈牺牲。

徐　松 男，涉村镇凌沟村二组人，生于 1921 年 2 月。1950 年，参加中国人民志愿军。1952 年 12 月，牺牲于朝鲜战场。

杨　帖 男，涉村镇南庄村人，生于 1923 年。1950 年 1 月，参加中国人民志愿军。1952 年，牺牲于朝鲜战场。

刘绪保 男，生于 1932 年。1950 年 11 月，参加中国人民志愿军。1952 年，牺牲于朝鲜战场。

康敬福 男，涉村镇西涉村人，生于 1936 年。豫西抗日先遣支队战士，1950 年参加抗美援朝战争，为 150 师 449 团二营电话员。1953 年 2 月，牺牲于朝鲜战场。

魏和义 男，涉村镇罗泉村南坡 4 组人，生于 1920 年。1948 年参军，1954 年在二野陆军机枪第三连任班长，当年牺牲于西安。

1950年元月，涉村银行成立。

1954年，涉村邮电所成立。

1954年2月，涉村粮管所成立。

1955年8月，巩县涉村供销社百货大楼在老街落成。

1956年6月，巩县第四中学在夹津口落成。

1956年8月，上庄煤矿投建，初称地方国营开封专区上庄煤矿，后改称地方国营巩县上庄煤矿。

1957年5月，撤区并乡，涉村区改称涉村乡。

1958年8月，涉村乡改为上游人民公社。

1959年1月，改称涉村人民公社。

1960年元月，中国共产党涉村公社委员会第一次党员代表大会召开。

1960年5月，巩县调整为八区一镇，涉村区辖核桃园、洪河、涉村、韵沟、夹津口5个小公社。

1961年，巩县将八个公社改为八区一镇，涉村公社改称涉村区。

1963年2月，中国共产党巩县委员会调整各区体制，涉村区所辖改称涉村人民公社，

涉村镇区全景 张建军 摄

省级生态村西沟村 | 马健 摄

管辖铁生沟、夹津口、韩沟、双河、韵沟、厂沟、申沟、公川、墓坡、东涉、西涉、姜沟、南庄、北庄、浅井、上庄、洪河、凌沟、羊角沟、核桃园、涌泉、郭峪、三峪河23个大队。

1969年，涉村公社机械厂成立。

1970年，成立涉村人民公社电管所。

1975年3月，原涉村人民公社分为核桃园、夹津口、涉村三个人民公社。

1975年6月，巩县涉村供销合作社自老街迁至新街。

1975年8月，涉村人民公社在西涉境内建设涉村煤矿

1983年，涉村人民公社重点初级中学成立。

1983年12月，涉村人民公社改为涉村乡。

河南省乡村旅游特色村——北庄村 梁爱红 摄

1984 年 1 月，涉村交通运输管理站成立。

1984 年 2 月，涉村乡建成第二耐火材料厂，投资 60 万元，占地面积 20 亩。

1990 年 3 月，撤乡建镇，涉村乡改称涉村镇。

1993 年 12 月，全镇企业产值完成 2.48 亿元，跻身郑州市 30 强乡镇先进行列。

1994 年 11 月，涉村至小关公路涉村段 9000 米硬化工程竣工。

2000 年 12 月，涉村镇“村村通”工程结束。

2005 年 10 月，桃园镇、涉村镇合并，统称涉村镇。

2006 年 5 月，建成五指岭金籽玉米无公害农产品基地。

2009 年 9 月，北庄村引水工程黄家山隧洞顺利贯通。

美丽涉村 刘成武 摄

2010 年 2 月，西沟村被河南省环境保护厅评为省级生态村。

2011 年，中共涉村镇委员会、涉村镇人民政府由西大街搬迁至政清路。

2012 年 6 月，涉村镇初级中学校区改造提升工程竣工。

2016 年 5 月，北庄、洪河、三峪河 3 个村入选中国乡村旅游扶贫工程。

2017 年 12 月，桑树沟村、北庄村、涌泉村被河南省爱国卫生运动委员会评为省级卫生村。

2018 年 8 月，河南省旅游转型发展工作会议在涉村镇北庄村召开。

2018 年 9 月，北庄村被河南省旅游局评为河南省乡村旅游特色村。

2020 年 10 月，涉村镇被评为郑州市文明村镇。

2020 年 10 月，涉村镇被省委组织部评为党员教育培训示范性乡镇党校。

2020 年 12 月，涉村镇被评为郑州市卫生镇。

2020 年 12 月，涉村镇吴沟村被评为郑州市级卫生村。

口述史

LOCAL RECORDS OF SHECUN

不忘初心　让红色精神薪火相传

口述：田又生

整理：王振星

我叫田又生，原名叫康荣富，今年95岁，1925年12月1日出在生巩义市涉村镇北庄村。是一名抗日老战士，共产党员。

1940年10月，我进入国民党38军补充团2营（实为中共地下党工委领导的教导队）学习，1942年冬毕业。1944年春，因国民党再次掀起反共高潮，党组织为保存实力，安排我离开国民党38军回到家乡开展抗日活动。1944年10月，我进入八路军豫西抗日军政干部学校学习。1945年2月，我在军政干校加入中国共产党，并于同月毕业。此后，根据革命工作需要，辗转地方和军队工作。在部队时任战士、班长、联络员、联络股长；在地方，历任巩县抗日二区武委会主任、五区农会主席，中共西藏工委组织部中心干事、工委边防党委会统战部副部长、工委审干办公室调研组长、西藏民族学院师训班主任、师范科副主任，河南省储备物资管理局431和671处副主任、副书记、顾问等职。1985年在河南省储备物资管理局离休，享受副厅级待遇。

当年，我在一名地下党员的带领下走上革命道路，在组织的培养教育下，我学习革命真理，成长为一名共产党员。1944年，我担任巩县二区（涉村区）抗日民主政府武委会主任，配合区委、区政府发展党员、组建农会、扩大民兵队伍、开展减租减息和土改运动。

我原来叫康荣富，为什么改名田又生呢？这里有一段红色故事。1945年8月，抗日战争进入大反攻阶段，国民党向解放区疯狂反扑。9月3日我外出执行任务时，为保护同志和老乡的安全，在小关被捕。在监狱里，敌人的残酷迫害和严刑拷打，使我双膝伤残，但没有动摇我的信仰。作为党员，我不怕死，但不能白白等死，当时我想只要有一线希望，就要逃出去，继续同敌人斗争。一天夜里，敌人准备把我押往西村残害，路过芝田时，天色已晚。趁押解人员不备，我解开绳子，很快消失在夜幕中。

脱险后，我在密县郭洞煤矿当矿工，虽与组织失去联系，但我始终没忘记自己是一名党员，经常在煤矿宣传革命思想，发动工人跟资本家作斗争。后来我一路讨饭，越过敌人的封锁线，辗转多地到达延安。1946年春天，《解放日报》以“一席血泪话”为题，刊发了我死里逃生的革命故事，为纪念我大难不死，中央组织部把我的名字改成了现在的“田又生”。

作为一名在抗日战争中参加革命的老兵，我一直想把红色精神传承给后人，并为此不断努力。过去，巩义市没有烈士纪念馆，1990 年前后，我多次找到市领导建议为巩义市 600 多名革命烈士建立纪念馆，得到了市委市政府的高度重视。1991 年建成巩义市革命烈士纪念馆，占地 12000 平方米，展示了革命先烈的动人事迹。20 多年来，纪念馆接待社会各界人士 20 多万人，充分发挥了红色精神教育基地的作用。

从参加革命受伤到后来拄起双拐，我始终不忘初心，1985 年离休至今，到机关、厂矿企业、农村、中小学校及部队做红色精神报告 980 多场次，足迹踏遍陕西、西藏、河南等地，宣讲红色故事、传递红色精神。在豫西抗日先遣支队司令部旧址、巩义市烈士纪念馆，巩义市许多中小学学生都听我讲过革命英烈故事。每次做报告，我从不在邀请单位吃饭，从不收一分钱，拄着双拐作报告，一讲两个多小时，我双腿疼痛，夜里常常睡不着觉，兜里的止疼药从未间断过。

有人问：“你带着伤病，拄着双拐，四处奔波做报告图啥？”其实我啥都不图，我就是希望通过用自己亲身经历影响教育下一代，让他们知道在巩义大地上曾有过这样悲壮的历史，让他们知道今天的幸福生活是无数先烈用生命和鲜血换来的。

红色精神是中华民族的精神财富。我在有生之年，要坚持把红色故事讲给后人，让红色精神世世代代传承下去。

“贫水村”变身美丽乡村

口述：杨小周

整理：王振星

我叫杨小周，涉村镇北庄村人。现年 62 岁。我于 1977 年参军，1979 年参加对越自卫反击战，同年 12 月在前线加入中国共产党。复员退伍后自己创业。1993 年进入北庄村党支部，2005 年任北庄村党支部书记。

北庄村位于涉村北部青龙山下，有 7 个村民组，2120 人，1200 亩耕地，土地瘠薄，常年干旱，在我的记忆里，北庄村是一个“生得起养不起”的村庄，是全省有名的贫困村、贫水村。村里流传一首民谣：“北庄村惜水如惜油，赶集上店才洗头，洗脸水澄清洗衣服，刷碗脏水喂猪牛。”姑娘找婆家一说是北庄的，便被一口回绝。

作为土生土长的北庄人，我从小就见过村民出村挑水的长队，见过乡邻为水争斗的场面，饱尝过缺水的辛酸。所以我上任后承诺的第一件事就是帮全村父老解决吃水问题，经过充分调研和专家论证，决定凿通黄家山，利用自然落差从后山引水进村。

凿洞工程2007年12月开工。黄家山海拔1000多米，巍峨高大，令人望而生畏。要凿透一座大山，谈何容易？从湖北请来的专业工程队，接手工程没几天，见条件过于艰苦，一拍屁股走人了。我告诉大家，自己不哭眼里没泪，自己的事还得咱自己干。我和两委人员加上村里30多个强壮劳力，组成专业队，吃住在山上，四班轮流干，昼夜不停开山凿洞。山石坚硬，有时候一天进度几十厘米。为加快进度，我们创造并采用了“梅花式爆破法”，工程进度提高了三分之一。

那时候最愁的是钱。工地上几十人的吃喝，工具购置，买炸药雷管天天都要开销。凿至500多米深的时候，上级拨的20万元用完了，眼看停工待料，我心里明白，这时候一停，一切努力将化为泡影。我是支书，大家的眼光都向我投来。二话没说，我回到家里卖掉了仅存的3000斤玉米，又以个人名义在农行贷款两万元，带头捐给凿洞工程。大家一见，纷纷解囊，短短一周，捐款达15万元，保证了工程顺利进行。历经600多个昼夜的艰苦奋斗，全长916米的引水隧道于2009年3月全线贯通。随后，我们又多方筹款200多万元，建成了4000立方米标准化蓄水池和供水管网。村里人全部用上了自来水，从此不再为水发愁。

吃水问题解决后，我又带领乡亲们大力发展旅游产业。修通连接省道S235的村道，新开通两条5米多宽的环山道路，将引水隧洞改造拓宽，与巩义南部山区旅游通道连通。2016年8月份，北庄“杨家寨旅游项目”签约，2017年，一期工程“石居部落”项目落成，杨家寨美食公社、大宋御锅台、创客公社，拓展训练中心同期开业。2019年，二期工程“红船记忆”项目完工，建成复式木屋15座投入运营，就近安排30多名群众上岗就业，为100多人提供了就业机会。最近又流转土地300多亩，栽种特色小杂果。投资150万元的高压线路已经开通，投资7亿元的“慈云本草养生谷”项目正在筹划，北庄与洪河联合开发的十里游览长廊进入论证、设计。将来，北庄将与洪河、大峪沟慈云寺、竹林黄牛寨等景点连接，形成一个完整的乡村旅游线路。

20年来，我带着村班子成员和北庄村的父老乡亲开山凿洞，建设美丽乡村，得到了各

北庄村旅游环山道路 张郑林 摄

级媒体的热情关注。2012年4月，我应邀去北京，接受中央电视台采访，获得中国好人榜“敬业奉献好人”“河南省劳动模范”“河南省十大最美村官”“河南省践行群众路线先进典型”等称号。北庄村先后获得“郑州市五好党支部”“河南省乡村旅游特色村”等荣誉称号。

北庄村一天天美起来、亮起来，乡亲们的日子正在一天天好起来。

我眼中的上庄煤矿

口述：翟全文

整理：王振星

我叫翟全文，涉村镇涌泉村人，今年76岁。20世纪60年代初到巩县上庄煤矿当工人，开始干采掘工。后历任采煤班长、采煤队长、调度室主任、生产科副科长、科长、主管生产副矿长等职务。1999年退休，在上庄煤矿工作34年。

上庄煤矿初期是开封专署接收上庄农会办的小煤窑发展起来的国营煤矿，是涉村最早的地方国有企业。从 1956 年兴建以来，累计采煤 1300 多万吨。

我进矿时生产方式落后，井下进巷采煤全靠人工，主要工种分掘工、拖工，掘工负责采掘挖煤，拖工负责装拖和巷道运输，把开采出来的煤拉到竖井。当时平地还是用大骡马来拉轮子，通过轮子旋转把井下的水和煤提升到平地。生产工艺落后，刚开始产量不足 10 万吨。

1964—1974 年，上庄煤矿向半机械化和机械化过渡，巷道加高拓宽，井底拖工运输由镏子取代，竖井提升也由大轮变为蒸气绞车。生产工艺改进，机械化程度提升，产量也由年产 10 万吨提高到 18 万吨左右。随后又突破了 20 万吨。安装蒸气绞车时，需要大型锅炉。1956 年开矿的时候还没公路，没有汽车，就从各村借了 48 头犍牛，从孝义经罗川进入涉村，用圆木滚动方式，一步步把锅炉拉回了上庄。开始卖煤的时候，外乡人都是赶着胶车来上庄拉煤。一车也就 1000 多斤，这是当时最先进的载重工具，当地称大车。羊角沟、洪河生活用煤靠牲口驮运。20 世纪 60 年代，上庄煤矿曾被煤炭部命名为“大庆式企业”。

1975 年之后，随着市场需求扩大和机械化程度提高，采用恒底分层采煤法，原煤年产量超越了年产 45 万吨的设计能力，达到 65 万吨，产出的原煤远销开封、商丘等地，上庄煤矿被评为全国煤炭系统“工业学大庆”十面红旗之一。1990 年后，多次被评为省、市、县先进单位。上庄煤矿首创的“恒底再生分层采煤法”获河南煤炭科技一等奖。

1996 年，经省、市、县 24 位专家鉴定，上庄煤矿矿井已进入报废衰老期。当时上庄煤矿还有 1000 多名职工，出现了劳动力过剩现象。为了不加重国家负担，煤矿一方面组织技术人员继续探测，尽量延长矿井寿命，另一方面大力发展第三产业，发展多种经营，开办了冶炼厂、铝铸厂和机械厂，主要生产摩托车减震和管件，分流人员 500 多人。1998 年，多种经营产值达 1400 多万元。

巩县上庄煤矿，建矿最早，是当时巩县财政收入的重要支柱。20 世纪 50 至 60 年代，上庄煤矿上交利税在全县名列前茅，为当地经济发展做出了突出贡献。

我和涉村教育

口述：李建设
整理：李建设

我叫李建设，涉村镇东安村人，今年 63 岁。小时候在家乡上学，长大后在涉村教书，亲身经历了涉村教育的发展。

1964 年，我在姜沟学校上小学。每天从盘龙山下的武当沟步行五里去读书，蜿蜒山路的难行是我儿时深刻的记忆。那时校舍多是庙宇和祠堂，姜沟学校也是如此，由始建于宋代的天爷庙改建而成。办公室和教室是十几孔依山而建的石券窑洞，阴冷潮湿，光线极差，课桌由石碑和石板垒砌而成，凳子由学生自带，高低大小各不相同。我坐的凳子是从家里带来的木疙瘩。“破房子，石台子，里面坐着土孩子”就是那个时代涉村教育的真实写照。

1972 年，我考上了巩县四中。当时，教育条件依然落后，教室是土坯瓦房，教具和仪器紧缺。生活上十分艰苦，同学们都在高中伙房吃饭，大都以红薯面为主，麦面几乎没有。多数学生都从家里带够吃一周的馍和一瓶腌制的咸菜，只在伙房买一碗汤，以求更节省些。住宿条件简陋，用石块砌成池子，里面用黄土填平，称为大通铺。卫生条件不好，很多同学身上都长了虱子。1974 年因改春季班为秋季班，7 月份才毕业。

1974 年高中毕业后，我到姜沟学校当民办教师，每月记 300 分，补助生活费 5 元。当时学校有 23 名教师，公办只有 4 人，民办教师实际上是涉村教育的主力军。为了弥补教育经费的不足，每个学校都在搞勤工俭学。小到拾羊屎蛋儿，大到建校办企业。当学生时我跟着老师砸石子、割白草，当老师后我带着学生做粉笔、烧石灰。勤工俭学是当时教育教学活动的重要内容。

1980 年开始，我在巩县第十二高级中学教数学。因校舍紧张，老师都是“寝办合一”，学校教导处还兼老师会议室，容纳三十多人开会。教学只有一些三角板、圆规、直尺之类的简单教具，立体几何和解析几何教学只好依靠“指梁画栋”式的语言教授，讲解起来十分困难。

1989年以后，“希望工程”“两免一补”助力涉村教育，各个学校狠抓“普九”，注重“双基”，教育面貌焕然一新。20 世纪 90 年代，涉村镇有高级中学和职业高中各一所，每个村都办有初中和小学。1995年到2006年，整合教育资源，涉村镇进行了三次大的合点并校，合并为现在的一所初中和四所小学。

进入21世纪，涉村教育环境发生了巨大变化。初级中学不断升级改造，教学楼、实验楼、宿舍楼相继建成，配备了实验室、录播室、电脑室和现代教学设施。标准化运动场和少年宫相继落成，校区面积由原来的1.4万平方米扩大到4.7万平方米，教学条件不断改善，教学质量持续提升。各个小学注重素质教育，积极创建“花园式学校”和“书香型校园”，全面提升了办学品位和教学质量。幼儿教育发展迅速，现有标准化幼儿园6所。实验幼儿园连续十年被评为巩义市幼儿教育先进单位。2011年以来，先后获得“郑州市一级幼儿园”“郑州市示范幼儿园”称号。涉村教育步步向好，前景喜人。

参考文献

[1] 巩县志编纂委员会 . 巩县志 . 郑州：中州古籍出版社，1991.

[2] 巩义市地方志编纂委员会 . 巩义市志 . 郑州：中州古籍出版社，2012.

[3] 王振江、孙宪周、贺宝石等 . 史话巩义：下册 . 郑州：中州古籍出版社，2007.

[4] 中共河南省巩义市委党史研究室 . 中共巩义历史（上卷）. 郑州：河南人民出版社，1996.

[5] 中国人民政治协商会议河南省巩义市文史委员会 . 巩义民居 . 郑州，2008.

[6] 李述武 . 巩县志 . 1923（民国十二年）

涉村风光之一　王向阳　摄

涉村风光之二　刘客白　摄

涉村风光之三　李怡雯　摄

涉村风光之四　石松峰　摄

编纂始末

根据国务院《地方志工作条例》《全国地方志事业发展规划纲要（2015—2020年）》及中国地方志指导小组《关于启动〈中国名镇志丛书〉编纂工程的通知》（中指办字〔2014〕22号）的有关部署，开发利用地方志文化资源，传承乡土历史文化，保存乡土文化记忆，充分发挥地方志资政、教化、存史的功能，按照郑州市地方史志办公室的工作安排，《涉村镇志》编纂工作于2020年3月启动，组建编纂团队，成立了涉村镇志编纂委员会，迅速展开了前期采写工作。

《涉村镇志》的编纂，力图展现涉村发展的特点和独有的价值，统合古今，详今略古，对新中国成立以后，特别是中国共产党十一届三中全会以来所发生的重要史实进行重点记述，力求呈现涉村人民不忘初心、牢记使命、锐意进取、开拓创新的精神风貌，将涉村镇在政治、经济、文化、社会发展等方面的变化浓缩在此书中，以传承历史，启迪后人。

在郑州市、巩义市地方史志办的精心指导下，《涉村镇志》从涉村镇实际出发，按照历史文化名镇的规范，在篇目设计上力图有所创新，在语言风格上追求朴实、严谨、简洁、流畅，增加可读性。

涉村镇党委、政府高度重视《涉村镇志》的编纂工作，镇党委书记李明刚、镇长贺刚多次对镇志编写提出要求，并审核提纲。党委副书记、镇人大主席孙中才多次主持召开编纂工作会，党委委员、副镇长刘丽琛、副主任科员韩彦丽协调各部门、各单位、各村提供资料，全力支持镇志编写工作；《郑州日报》马健、王秀清以及中国摄影家协会会员曹振普等不辞辛苦帮助拍摄了大量精美的图片，巩义市摄影家协会主席邵保华全力帮助收集各方照片；主编王振星，副主编李志欣、李建设查阅了大量文史资料，精心编写了文字稿；

晋孟炜、王冰、席文伟、赵艺丹同志加班加点，打印、校对书稿。在此，谨向为本书编纂工作中给予支持、帮助的各级领导和社会各界人士致以衷心的感谢！

因本书中所选照片及文章众多，部分作品未能在出版前及时联系到著作权人，请著作权人看到后与我们联系，我们将及时奉上稿酬。

《涉村镇志》编纂工作时间仓促，资料分散，加之理论水平有限、才疏学浅，虽潜心编纂，数易其稿，其错误和遗漏的地方在所难免，敬请社会各界和专家学者批评指正。

《涉村镇志》编纂委员会

2020年10月

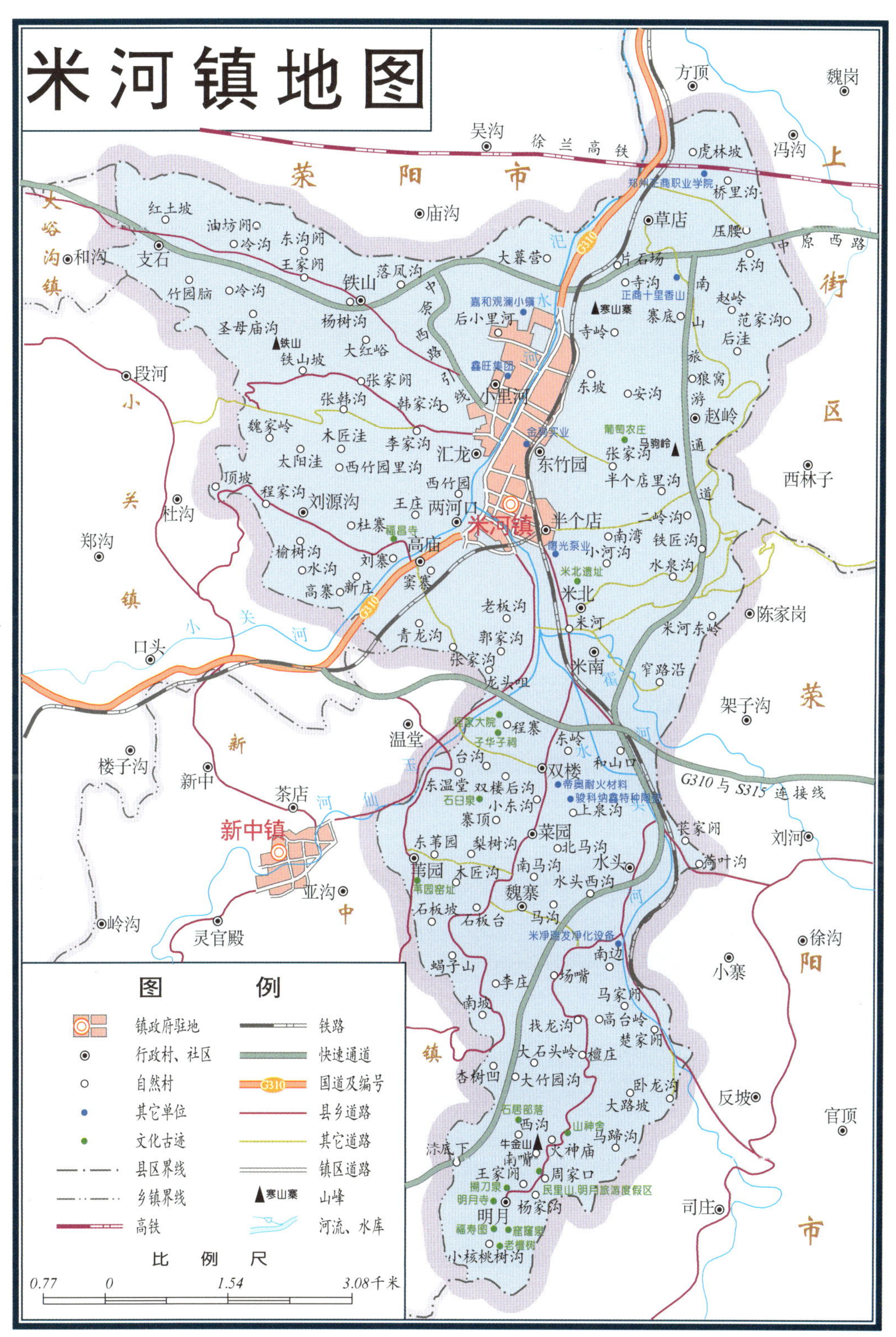

（注：图内行政界线不作为实际划界依据）

米河镇地图

米河镇俯瞰之一　王河宁　摄

米河镇俯瞰之二　马健　摄

米河镇俯瞰之三　马健　摄

明月山　王向阳　摄

G310 国道、徐兰高铁穿境而过　张洲雷　摄

郑州市名镇志、名村志、名街志编纂委员会

主　　任 孙晓红

副 主 任 柴　丹　朱　军

委　　员（按姓氏笔画排序）

于　珊　王丹东　任　莉　刘长春　刘军杰　杨　洋
杨　洁　张建锋　陈　军　林　海　虎荣鑫　周建超
屈连武　赵敏祥　胡光程　胡旭洲　康红阳　梁豫生

主　　编 朱　军

副 主 编 刘长春

编　　委 路培育　李　磊　袁玉强　王西林　刘　琴　冉　宁
向天燕　王佰顺　刘　伟　刘华东　吴　边　王东亮

编　　辑 刘　恒　李　靖　王　丹

学术顾问（按姓氏笔画排序）

丁　昆　王保国　刘　杰　安海蓉　孙英民　李运江
李伯谦　张　永　张万钧　张绍宇　杭　侃　郑东军
封曙光　胡惠林　顾　华　徐建勋　阎铁成　韩国河
魏　剑

《米河镇志》编纂委员会

序

2018年以来，郑州市地方史志办公室（以下简称“市史志办”）认真学习贯彻落实习近平总书记关于加强修史修志工作重要论述精神，在中国地方志指导小组办公室河南省地方史志办公室的指导、支持下，围绕服务郑州国家中心城市大局，提高政治站位，推进创新发展，以郑州市名镇志、名村志、名街志文化工程为抓手，积极探索基层志书编纂体制机制创新的有效途径，努力打造新时代精品佳志。市史志办相继完成了35部乡镇志、村志和街道志的编纂出版工作。这是郑州市坚持以习近平新时代中国特色社会主义思想为指引，贯彻落实《全国地方志事业发展规划纲要（2015—2020）》要求，推动地方志事业高质量发展、发挥存史资政育人职能作用的一项重要成果。市史志办的主要做法是：

坚持正确导向，突出时代主题。市史志办在镇志、村志、街道志编纂中，力求全面、客观反映党史、新中国史、改革开放史、社会主义发展史在郑州的辉煌业绩，记录郑州从一座古老的城市发展成为国家中心城市的历史进程，阐释中华文明、中原文化在郑州这座城市的文明形态起源、嬗变和现代转型。聚焦黄河文化、商都文化、黄帝文化、河洛文化、嵩山文化和二七精神等重要的城市文化名片，市史志办组织编纂了管城区《东大街街道志》《西大街街道志》《城东路街道志》，二七区《德化街道志》，金水区《杜岭街道志》，上街区《峡窝镇志》《方顶村志》，巩义市《回郭镇志》《大峪沟镇志》《康店镇志》《河洛镇志》《站街镇志》《小关镇志》《米河镇志》《涉村镇志》《海上桥村志》，新郑市《孟庄镇志》《新建路街道志》，荥阳市《汜水镇志》，惠济区《古荥镇志》，中牟县《雁鸣湖镇志》，新密市《刘寨镇志》，登封市《告成镇志》等基层志书。市史志办尝试从方志学的角度描述、分析这些文化的历史演进，宏大叙事与微观剖析并重，讲述方志故事，凝聚城市精神，发现并彰显这些深藏在街道社区、乡村田野里的城市文化根脉。

坚持质量标准，规范编纂流程。我们认真贯彻落实《郑州市地方志工作规定》要求，明确各级地方志工作机构与编纂单位分工负责，针对每部志稿都成立了专门编纂机构，专班推进，形成了一级抓一级、层层抓落实，踏石留印、抓铁有痕的工作格局。遵循地方史志工作的基本原则，把质量视作名镇名村名街志编纂的生命线，对每部志书严把政治观、史实关、体例关、文字关、出版关和印刷关。为提高编纂专业水平，市史志办邀请中国地方志指导小组办公室、河南省地方史志办公室指导工作，并与国内知名高校合作，采取集中培训、案例教学等形式，面向修志业务人员，结合实际答疑解惑，较好地统一了修志原则和基本规范。同时，市史志办与中国水利水电出版社紧密协作，按照中国名镇志、名村志、名街志文化工程的质量标准，开展全方位深度合作，搭建专业服务平台，合力推进精品工程建设。

拓展方志视野，创新编纂方式。市史志办积极适应进入“读图时代”的现代读者需求，在锤炼文字表达的同时，特别突出了“图像存史”的作用。市史志办与河南省美术家协会合作，组织一批在省内乃至全国有影响的优秀画家，深入基层开展采风创作，用画笔描绘郑州美丽乡村和城市现代街区风貌。市史志办要求编纂单位注意对优秀美术作品的资料收集，如巩义籍著名画家陈天然、徐小龙等长年扎根农村基层，创作出一批表现浓郁乡土风情的优秀美术作品，许多作品收录入相关志书，成为熠熠生辉的亮点。中共郑州市委宣传部外宣办，河南日报新闻图片有限公司，郑州日报社及市、县（市）区摄影家协会等单位和许多优秀、敬业的摄影家，为市史志办提供、创作了大批精彩的摄影作品，与志书篇章结构和语言文字同步配合，形成了一个全新的图像叙事语言体系。这已不是简单的配图、插图、图文并茂，而是把图像证史、存史放在了编纂方式创新的维度上来考量其价值与意义。

提高学术品质，丰富志书内涵。市史志办借鉴人文地理学和社会学的调查研究方法，在中原区委、区政府的支持下，组织编纂了该区《西流湖街道志》《中原西路街道志》《桐柏路街道志》《三官庙街道志》《棉纺路街道志》《绿东村街道志》《林山寨街道志》《汝河路街道志》《航海西路街道志》《须水街道志》《秦岭路街道志》《建设路街道志》12部街道志，对一个行政建置区域的政治、经济、文化、社会、生态建设状况，特别对自中华人民共和国成立以来各个历史时期的发展做了全方位的较完整记述。这些街道志组成了一个美丽的“方志拼图”，从中可以清晰地看到中原区从一个传统的城郊农业区，在中华人民共和国成立初期形成郑州市的市级行政中心、文化中心和现代工业区，改革开放以来经过国企改革的华丽“蝶变”转型升级为现代化宜居宜业新城区的时空轨迹。市史志办与郑州大学建筑学院合作，开展传统村落与民居保护和城市街区建筑文化专项调查，形成了一批研究成果并在编纂中予以重点展示。郑州市是中华文明探源工程、夏商周断代工程等考古研究的重点区域，拥有世界文化遗产登封“天地之中”历史建筑群和诸多国家重点文物保护单位，各类历史文化遗迹俯拾即是。在文物部门的大力支持下，市史志办在相关志书编纂中，注意收录考古最新发现及研究成果，以丰富志书编纂的文化内涵。

坚持统筹规划，分层扎实推进。市史志办坚持依法治志的基本原则，依法推进各项编纂组织管理工作。一是建章立制，科学管理。结合编纂实际，理顺管理体制和运行机制，明确了市、县、乡、村在志书编纂中的各级权责，分级负责与属地管理有机结合，最大限度地形成合力、统筹推进。市史志办把这项工作作为一项硬任务，年初及时向市委市政府报告列入年度工作计划、列入财政预算，并与各县（市）区协商制订工作计划，按节点有序推进。二是统一规划，明确目标。市史志办要求各县（市）区本着精品至上、宁缺毋滥的原则确定选题规划，突出“名”和“特”，建立编纂项目库，集中力量，抓出精品，锻炼队伍，探索经验。三是分类指导，有的放矢。根据各县（市）区申报的选题计划，市史志办进行实地考察和逐一分析，建立选题库，原则上每年规划指导编纂 10 部，出版 5 部志书。在整体过程中，实施有效的分类管理，进度服从质量，不搞“一刀切”，因地制宜，精准发力，推动这项工作积极稳妥、健康有序开展。四是重点突破，严把关口。市史志办以出版为时间节点，倒排工期，提出每部志书要认真把好四个关口：首先，每部志书的承编单位要严格按照既定的编纂体例完成初稿，做到篇目完整、材料充分。其次，各县（市）区史志工作机构要组织相关部门召开评审会，重点把好政治关、史实关，确保在民族、宗教、保密等重大问题上不出偏差，在内容材料上客观真实、准确无误。第三，由市史志办协同组织出版社、承编单位和专家学者，对稿件进行集中修改审定，群策群力，解决每部志书在内容、体例、语言等方面存在的问题，基本完成定稿。第四，出版社按照所签订的合作协议，编辑出版关口前移，签订协议后，提前介入每部志书的具体编纂指导、审定等工作，确保出版进度和质量。

坚持深入调研，解决实际问题。在地方志事业转型升级创新发展的进程中，转变思想观念、转变发展方式是全面的、深层次的变革。在推进名镇志、名村志、名街志文化工程工作中，市史志办深感地方志工作“一纳入、八到位”不能仅停留在一般性的“纳入”和“到位”上，应该以问题为导向，深入调查研究，切实解决党委政府重视支持、人力财力保障等基层反映强烈的实际问题。一是积极争取各级党委政府支持。名镇志、名村志、名街志的编纂主体是市县乡各级党委政府及其地方史志管理工作机构，是“官修”而非私修。因此，编纂名镇志、名村志、名街志是在各级党委政府领导和支持下、由各级地方史志工作机构负责牵头组织开展的。市史志办在调研中深刻体会到，名镇志、名村志、名街志的编纂过程既是一个部门的业务推进，也是向各级党委政府汇报地方史志工作转型升级创新发展的形势任务、争取更大支持，解决实际问题的工作契机。二是切实解决好钱从哪里来。名镇志、名村志、名街志文化工程是郑州市组织推进的一项重点文化项目，市史志办明确不向乡镇村基层摊派经费增加负担，按照财政分级管理的原则，积极向市政府和财政部门争取项目专项资金，解决编纂出版印刷等各项工作中的费用。各县（市）区负责组织编纂志书初稿的费用，经郑州市地方史志办公室审定、出版社认可达到编辑出版要求，之后的费用由郑州市地方史志办公室负责申请市财政审核拨付。对名镇志、名村志、名街志编纂出版试行项目化资金管理，明确资金来源，严格预算管理，有助于形成一级抓一级、层层抓落实的长效工作机制。三是形成合力众手成志。把名镇志、名村志、名街志打造成为堪存堪鉴的精品志书，仅靠现有的史志工作机构是难以实现的。目前，我们面临的困难是多方面的，既有青黄不接、人才短缺，也有研究不足、经验匮乏。一些社会力量参与到基层志书、年鉴的编纂工作中，存在着政治站位不高、政策把握不准、水平参差不齐等问题。但是，市史志办在调研中也看到，社会各界对参与编修名镇志、名村志、名街志有较高的积极性、主动性，许多基层村镇表示愿意借助这项工作打造文化品牌，推动当地经济社会发展。因此，在今后编纂工作中，要坚持从凝聚共识入手，着力形成团结一致、高效运转的强大合力，构建优势互补、复合型、专业化的新型协作体系。

以上是市史志办在郑州市名镇志、名村志、名街志文化工程中的一些尝试，不足之处敬请批评指正，以便在今后工作中认真加以改进。

郑州市地方史志办公室

2020 年 10 月

凡 例

一、指导思想　以马克思列宁主义、毛泽东思想、邓小平理论、“三个代表”重要思想、科学发展观、习近平新时代中国特色社会主义思想为指导，坚持辩证唯物主义和历史唯物主义的立场、观点和方法，存真求实，全面、客观、系统记述中国名镇城镇化进程和改革开放成果，传承和抢救乡土历史文化，激发爱国爱乡情怀，留住乡愁，为探索中国特色新型城镇化建设、服务乡村振兴战略提供历史智慧和现实借鉴。

二、质量要求　参照中国地方志指导小组印发的《地方志书质量规定》执行。在坚持志体的前提下，体裁运用、篇目设置、资料选择等作适当创新。内容以记载镇域范围内的微观资料为主，详市县志之所略。根据不同类型名镇的特点，记述域内自然、政治、经济、文化、社会的历史与现状，重在突出当地“名”与“特”的内涵，从而达到执简驭繁、文约事丰、易于阅读、利于普及的目的。

三、时间断限　为全面反映入志事物发展脉络，各志上限追溯至事物发端，下限一般断至各镇志启动编修年份，个别重大事项可延至搁笔。详今明古，着重反映时代特色和地方特点，重点体现各镇的“名”与“特”。

四、记述范围　记述地域范围以下限年份的行政辖区为主。为体现名镇在更大区域内的意义，可以从更开阔的区域视野记述与该镇相关的内容。

五、总体结构　统一采用纲目体，设类目、分目、条目三个层次。横排门类，纵述史实。所设类目除《中国名镇志丛书基本篇目》要求的必设内容外，个别事项根据本镇实际情况适当作升格或降格处理。

六、体裁形式　综合运用述、记、志、传、图、表、录等各种体裁，以志体为主。体裁运用适当创新，篇目设置不求面面俱到，一般意义上的乡镇级内容可简略记述。

七、语言文体　除引用文字和附录文献资料外，统一使用规范的现代语体文记述，行文力求朴实、严谨、简洁、流畅，具有较强可读性。

八、人物载录　人物类目设人物传略、名人与 ×× 镇、人物表录等分目。人物传略遵循“生不立传”原则，选录对本镇发展有重大影响者，按生年排序。名人与 ×× 镇记述在政治、经济、文化、社会等方面有重大影响的著名人物（政治家、艺术家等）在本镇的活动历史片段。同时，在其他类目中采用以事系人的方式介绍人物。

九、图照表格　志中随文配图，图下设文字说明，图文并茂。表格统一编排序号。

十、数据　各项数据一般采用国家统计部门数据。数据缺乏的，采用主管部门或主办单位正式提供的数据。

十一、计量单位　采用国务院 1984 年 2 月发布的中华人民共和国法定计量单位。历史上使用的计量单位，如斗、石、里、尺、磅、华氏度等，在引文时照录，并以类目为单位首次出现时应加注。

十二、纪年　中华民国成立前的纪年，使用朝代年号纪年，括注公元年份；中华民国成立后的纪年，均使用公元纪年。志中所称“解放前（后）”，以该镇解放日为界；“新中国成立前（后）”，以中华人民共和国成立日 1949 年 10 月 1 日为界；“改革开放前（后）”，以 1978 年 12 月中共十一届三中全会召开为界。“×× 年代”，凡未加世纪者，均指 20 世纪。

十三、称谓　记事概以第三人称记述。人名直书其姓名，必要时冠以职务职称。地名以现行标准地名为准。如使用历史地名，于首次出现时括注现行地名。各个历史时期的党派、团体、组织、机构、职务等均以当时名称为准。对于称谓过长而又频繁使用者，于首次出现时使用全称并同时括注简称，之后使用简称。

十四、数字、标点　遵循国家标准和出版规定，志中数字书写以 GB/T 15835—2011《出版物上数字用法》为准，使用标点符号以 GB/T 15834—2011《标点符号用法》为准。

十五、注释　行文中的注释，一律采用页下注；附载文章于篇后注明资料来源。

十六、本凡例对于各镇志编纂中的未尽事宜，在“编纂始末”中予以说明。

目　录

概述

米河镇位于郑州西50千米处，巩义市东部，总面积54平方千米，辖19个行政村，190个村民组，12827户，51603人，是全国小城镇建设示范镇、全国重点镇、国家卫生镇、全国“工程项目带动村镇规划实施”试点镇、中州名镇、河南省文明镇、园林镇、河南省民间文化艺术之乡，是郑洛工业走廊的重要组成部分。

一

米河镇扼巩义东门，南瞻嵩岳，北瞰黄河，东有马驹岭相拥，南有捌刀泉展秀，北有寒山寨和虎牢关相望，中有汜河与玉仙河交汇，山川秀美壮丽。总的地势为东南、西北高，中间低，近似盆地，四周地表起伏较大，中间地势平坦，海拔150~683.4米，属于浅山丘陵区。

交通区位优势明显。米河镇地处巩义、荥阳、上街三地交界处，G310和长城铝业铁路专用线横贯境内，徐兰高铁、中原西路、陇海西路、南山旅游通道、S233和S315连接线穿镇而过，境内镇村道路总长115.8千米，形成了四通八达的交通网络。

矿产资源丰富。煤、石灰石、铝矿石、高岭土、砖瓦黏土、建筑砂、料石、小青石、

铁矿砂、石英石等资源储量较大，品位高，易开采。矿产资源的合理开发利用，为米河镇经济发展奠定了坚实基础。

二

依托丰富的资源，便捷的交通，米河工业从无到有、从小到大、从弱到强，走出了一条转型升级、创新发展之路。中华人民共和国成立前，米河工业几乎一片空白，仅有一些手工作坊。20 世纪 60 年代，米河拉开了工业发展的序幕。1965 年，米河公社办起了巩县第一家水泥厂，之后相继创办了机械厂、耐火材料厂、建筑材料厂、磨具厂、煤矿、建筑公司等社办集体企业；一些大队（村）办起了砖瓦厂、水泥厂、耐火材料厂、石料厂，工业经济开始起步。1978 年党的十一届三中全会后，乡（社）办、村办、组办、联办、个体企业如雨后春笋，迅速增加。1978 年，企业总数 126 家；至 1989 年，企业总数增加到 1694 家。1990 年后，米河大力推进工业化进程，全镇水泥年产量超过 300 万吨，年产电解铝 6.8 万吨。2000 年，米河镇及所辖小里河村、双楼村、鑫旺集团、中原水泥厂作为乡

米河镇区全景之一　王河宁　摄

米河镇区全景之二　王河宁　摄

四通八达的交通网络　王向阳　摄

米河镇东竹园工业园区　赵启明　摄

镇企业先进镇、先进村、先进企业受到河南省委、省政府表彰，鑫旺集团成为全国乡镇企业典型。2001年后，米河镇加大产业结构调整力度，主动对水泥行业进行升级改造，拉长铝产业链条，培育发展新兴产业，走新型工业化道路，培育了鑫旺集团、金驹集团、仲发集团、萨辛公司等46家规模企业，实现了工业经济的持续发展。

加快经济转型步伐。2013年，党的十八大以来，米河镇党委、政府认真落实“五位一体”总体布局和“四个全面”战略布局，以转型升级、开放发展为主线，实施“退二进三”，积极融入郑州都市圈，打造面向郑州的桥头堡和服务郑州市民的“后花园”。相继引进了河南正商、民安置业、融创嘉和等公司，倾力打造“正商十里香山”“民安明月旅游度假区”“嘉和观澜温泉度假区”等生态农业、文化旅游、休闲度假、运动康养示范区，大力发展生态旅游经济，推进宜居、宜业、宜游生态新城建设。

坚持发展农业生产。新中国成立以来，随着土地改革，互助组、初级社、高级社的建

明月旅游度假区艺术家部落 邵保华 摄

立，特别是人民公社成立之后，落实“农业八字宪法”（土、肥、水、种、密、保、管、工），开展“农业学大寨”运动，大力推广种植技术、农业机械，完善水利设施，粮食产量稳步提高，温饱问题基本得到解决。改革开放后，农村土地实行家庭联产承包责任制，农民种地的积极性空前提高。进入 21 世纪以来，特色农业、旅游观光农业、养殖业逐步兴起，农业发展质量水平不断提高。

三

城镇化步伐日益加快。自 1990 年撤乡建镇后，米河镇党委、政府不断加大投入力度，加快建设步伐，推进城镇化进程。截至 2019 年底，镇建成区面积约 4.4 平方千米，城镇化率达到 59.9%。镇域范围内有供水站 3 个，供水干网里程 22.5 千米；污水处理厂 2 座，做到中水再利用及排水畅通；110 千伏变电站 2 座，高低压线路 142 千米；大型休闲、绿化场所 4 处，绿地、游园 20 余处，镇区绿化覆盖率达 37.9%。全镇建成不同类型住宅楼 200 余幢，约 5000 户、2 万多人住上了楼房。近 3000 户社区居民使用上了天然气。一座基础设施完备、功能齐全、特色提升的现代化小城镇已基本形成。

完善的设施、人口的集中，带动了商贸服务业的繁荣。米河因集而兴，自明清以来一直是巩义东部辐射周边的中心集镇。进入 21 世纪，以建设商贸重镇为目标，发展形成了服装街、蔬菜市场、建材市场、时代广场等专业市场，以米河老集市场、小里河集贸市场、草店集贸市场为支撑、镇区 700 多户各种商业门店为辅助的综合商圈，形成了金融保险、信息物流、日用百货、服装、五金电器、建材装饰、餐饮服务、蔬菜果品等门类齐全的商业体系，为群众生产生活提供了便利。

四

社会事业全面发展，人民生活明显改善。米河镇坚持以人为本，大力发展各项社会事业，认真落实惠民政策，全力保障和改善民生，高度重视教育工作，大力改善办学条件，适时调整中小学布局，形成了从幼儿园到高中教育阶段全覆盖的教学体系。积极培育和践行社会主义核心价值观，大力弘扬中华民族传统美德，以群众文体协会为依托，以镇文化中心、党员远程教育网络、村文化大院等为阵地，持续开展精神文明创建活动，群众精神

东竹园村
村史文化
人民对美好生活的向往
就是我们的奋斗目标
人民安居乐业
社会安定有序
国家长治久安
东竹园村行为公约

米河镇区 张洲雷 摄

东竹园村文化墙 邵保华 摄

面貌明显改善。卫生服务体系日趋完备。镇村卫生服务网络进一步健全，诊疗手段不断完善，城镇居民医疗保险覆盖面达到100%。社会保障更加有力。着力推进城乡居民养老保险，覆盖面不断扩大。加强职业技能培训和继续教育，促进就业和再就业。扎实推进精准扶贫工作，低保、特困供养对象，应保尽保。赵岭、明月2个省级贫困村、建档立卡贫困户全部实现脱贫。截至2019年底，居民人均可支配收入达30467元，是1990年的39.6倍，年均增速8.7%。

进入新时代，米河镇认真学习贯彻落实习近平新时代中国特色社会主义思想，以高质量党建为引领，推进全镇经济社会高质量发展。按照“生态美、文化美、人居美、产业美”，加快“三宜”美丽新巩义建设的要求，大力弘扬“敢于挑战、勇于创新、勤于苦干、乐于奉献”的米河精神，发挥区位和交通优势，构建基础设施共建、产业互补、资源共享、生态优美、功能协调的一体化发展模式，着力打造巩义市融入郑州中心城市的绿色生态屏障区、文化旅游示范区、健康宜居样板区、产业转型引领区，建设宜居、宜业、宜游新米河。

基本镇情

LOCAL RECORDS OF MIHE

建置区划

镇名由来

据清乾隆五十四年（1789 年）《巩县志》记载，米河原名泥河。因为四周高中间低，每逢山洪暴发，镇区洪水泥沙汇集，街道泥泞不堪，故取名泥河。清道光年间，当地马姓人家居多，以卖米为业，认为马陷“泥河”既不利于马氏家族又不利于营生，不如改“泥”为“米”，寓米流成河，生意兴隆。“泥河”改名为米河，沿用至今。

建置沿革

米河地区古属巩县，明洪武年间，巩县划为九保二十九里，米河属赵封保。

清初，巩县划为十里，米河属坊赵里。

乾隆四十九年（1784 年），米河为仁义里。

道光元年（1821 年），巩县划分为仁、义、礼、智、信五里，米河为仁里。

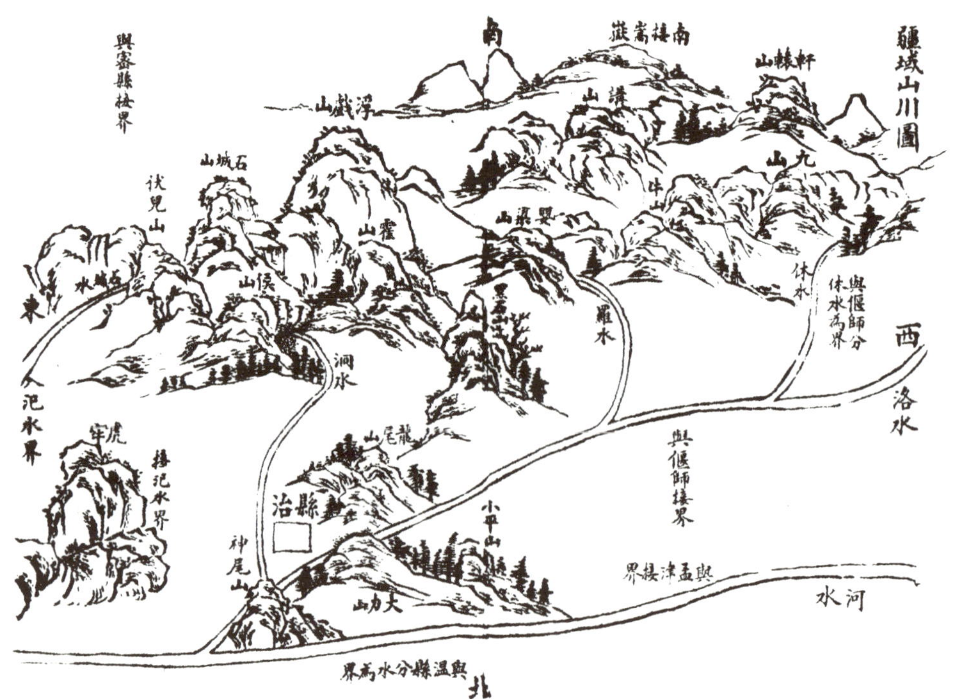

巩县疆域山川图　乾隆《巩县志》1923 年铅印本

1912 年，全县分五里十区，米河为仁里小关区。

1931—1935 年，全县分为六个区，米河为第二区。

1935 年 8 月至 1941 年，巩县划为三个区署，米河为第一区署。

1941 年，改联保为乡，米河属崇仁乡。

1944 年 10 月，巩县建立抗日民主政府，米河为第一区政府。

1948 年 4 月 8 日，米河解放， 5 月 13 日，荥汜广县人民政府在米河成立。10 月，郑州解放，荥汜广县人民政府撤销，归巩县，属巩县第八区。

1952 年，米河为巩县第十区。

1956 年，撤区并乡，建立中心乡，米河被拆分，分属米河中心乡和铁山中心乡。

1956 年 12 月至 1958 年 5 月，米河属小关区（辖米河乡、新中乡、小关乡）。

1958 年 5 月，小关区撤销，成立米河乡（辖现在区域）。

1958 年 10 月至 1959 年 1 月，米河属巩县新中人民公社。

1959 年 1 月至 1961 年 5 月，米河属郑州市上街区新中人民公社。

1961 年 7 月米河分为米河人民公社和小里河人民公社，归属郑州市上街区管辖。

1964 年 7 月至 1983 年，为巩县米河人民公社。

1984 年，为巩县米河乡。

1990 年，撤乡建镇，为巩县米河镇。

1992 年，改今名，为巩义市米河镇。

荥汜广县人民政府旧址　米河镇人民政府　供图

所辖村庄

米河镇现辖19个行政村：草店村、赵岭村、小里河村、铁山村、支石村、汇龙村、刘源沟村、高庙村、两河口村、东竹园村、半个店村、米北村、米南村、双楼村、菜园村、苇园村、魏寨村、明月村、水头村。

草店村 位于米河镇政府东北4千米处，村域面积4.2平方千米。辖区有14个村民小组，975户，3753人。主要姓氏有赵、张、王、何、丁、李、杨等。

赵岭村 位于米河镇政府东北5千米处，村域面积2.84平方千米。辖区有11个村民小组，456户，1842人。主要姓氏有赵、王、张、范、马、吴等。

小里河村 位于米河镇政府西北2千米处，村域面积3.08平方千米。辖区有13个村民小组，1130户，4878人。主要姓氏有王、张、宋、韩、马等。

铁山村 位于米河镇政府西北4千米处，村域面积4平方千米。辖区有11个村民小组，455户，2050人。主要姓氏有张、王、郑、吴、秦等。

支石村 位于米河镇政府西北5.5千米处，村域面积1.56平方千米。辖区有11个村民小组，395户，1537人。姓氏有吴、余、张、韩等。

草店村 张洲雷 摄

汇龙村 原名张翰沟村，1989 年更名为汇龙村。汇龙村位于米河镇政府北 2 千米处，村域面积 2.4 平方千米。辖区有 8 个村民小组，436 户，1918 人。主要姓氏有张、李、吴、余、马等。

刘源沟村 位于米河镇政府西 3.5 千米处，村域面积 1.8 平方千米。辖区有 11 个村民小组，497 户，1980 人。主要姓氏有刘、张、程、杨、魏等。

赵岭村 邵保华 摄

小里河村 马健 摄

铁山村　王向阳　摄

支石村　马健　摄

汇龙村　邵保华　摄

刘源沟村　张洲雷　摄

高庙村　刘成武　摄

高庙村　位于米河镇政府西 0.5 千米处，村域面积 3.16 平方千米。辖区有 16 个村民小组，1111 户，4638 人。主要姓氏有郜、窦、王、程、杜、曹、牛、张、铁等。

两河口村　位于米河镇政府西南 0.5 千米处，村域面积 1.74 平方千米。辖区有 7 个村民小组，428 户，1791 人。主要姓氏有宋、张、马、吴、焦、耿、李等。

东竹园村　位于米河镇政府东北 1 千米处，村域面积 3.68 平方千米。辖区有 10 个村民小组，682 户，2716 人。主要姓氏有张、王、贺、李、吴、田等。

半个店村　位于米河镇政府东 0.5 千米处，村域面积 2.38 平方千米。辖区有 7 个村民小组，709 户，3180 人。主要姓氏有马、周、丁、张、王、韩、淡等。

米北村　位于米河镇政府南 2 千米处，村域面积 3.9 平方千米。辖区有 13 个村民小组，1273 户，4845 人。主要姓氏有马、刘、张、宋、王等。

米南村　位于米河镇政府南 2 千米处，村域面积 2.37 平方千米。辖区有 11 个村民组，855 户，3725 人，主要姓氏有马、张、郭、刘、李等。

双楼村　位于米河镇政府南 4 千米处，村域面积 1.6 平方千米。辖区有 9 个村民小组，622 户，2498 人。主要姓氏有程、张、刘、赵、李、王等。

两河口村　马健　摄

东竹园村　马健　摄

半个店村　张洲雷　摄

米北村　王河宁　摄

米南村　王河宁　摄

双楼村　王河宁　摄

菜园村 位于米河镇政府南5千米处，村域面积2.1平方千米。辖区有8个村民小组，403户，1514人。主要姓氏有张、赵、翟、马、刘、杜等。

苇园村 位于米河镇政府东南3千米处，村域面积2.9平方千米。辖区有6个村民组，368户，1394人。主要姓氏有马、张、周、崔、雷等。

魏寨村 位于米河镇政府东南6千米处，村域面积5.4平方千米。辖区有10个村民小组，496户，2031人。主要姓氏有魏、陈、张、马等。

明月村 原名捌刀泉村。位于米河镇政府南10千米处，村域面积4.7平方千米。辖区有5个村民小组，190户，637人，主要姓氏有马、王、侯、周、张、李、戚等。

水头村 位于米河镇政府南5千米处，村域面积4.7平方千米。辖区有9个村民小组，900户，3260人。主要姓氏有张、王、李、马、赵、苏、苌、翟、楚等。

菜园村 王河宁 摄

苇园村　王河宁　摄

魏寨村　王河宁　摄

明月村　邵保华　摄

水头村　常丰伟　摄

自然环境

地理位置

米河镇位于巩义市东部，嵩山北麓，黄河南岸。地理坐标为东经 113° 、北纬 34° 。米河镇域东部与上街区交界，西部与巩义市新中镇、小关镇和大峪沟接壤，南部毗邻荥阳市刘河镇、庙子乡，北面衔接荥阳市高山镇。地域南北长 13.2 千米，东西宽 9.2 千米，总面积为 54 平方千米。

地　形

米河镇总的地势东南、西北高，中间低，近似盆地；四周地表起伏较大，中间地势广

米河镇浅山丘陵地貌　王向阳　摄

阔，南部海拔 683.4 米，东部丘陵区海拔 250~380 米，西部海拔 247~337 米，汜河两岸海拔 150~200 米，属浅山丘陵地区。

山 脉

五云山 位于巩义市、荥阳市、上街区交界处，西部在米河镇赵岭村、半个店村、米北村域内，又名塔山，海拔 589.4 米。

马驹岭 位于米河镇东，紧靠东竹园村、半个店村，岭东与上街区相邻，东南、西北走向 4 千米，海拔 412.5 米。

寒山寨 又名红石山，位于米河镇北部，海拔 283.8 米。

铁 山 位于米河镇西北部铁山村，海拔 389.6 米。

明月山 位于米河镇东南部，海拔 683.4 米。

五云山　邵保华　摄

马驹岭　马健　摄

中国石化 SINOPEC

红石山　马健　摄

铁山 马健 摄

明月山 王向阳 摄

气 候

米河镇为暖温带大陆性季风气候，四季分明。夏季炎热多雨，东南风较多；冬季寒冷干燥，西北风频繁。常年积温在4730.3~5334.71℃，最高气温达43℃，最低气温 -15.4℃，年平均气温14.6℃；每年“立春”到“春分”之间、“白露”到“秋分”之间，早晚温差较大。年平均无霜期214天，初霜期在11月12日前后，终霜期在3月8日前后。年平均降雨量为532毫米，集中降雨期6—8月。年平均日照时数为2942小时，高山区阴雨多雾，日照时数较平原丘陵地区略少。最大风力达8级。

米河之春 常丰伟 摄

米河之夏　王向阳　摄

米河之秋　常丰伟　摄

米河之冬 乔海通 摄

河 流

米河地区属黄河流域汜水河水系，主流为汜水河。它在米河境内有四条支流：一是发源于水头河的支流，二是发源于荥阳刘河的支流，三是发源于浮戏山小龙池的支流，这三条支流在米河镇以西 500 米处汇拢，与发源于小关的第四条河流在两河口村汇流成为汜水河，北下至荥阳市汜水镇入黄河。

汜水河 系巩义市境内东部较大的一条河流。全长约 20 千米，流域面积为 219 平方千米。常年有水，潺潺不断。它在两河口村以上有四条支流：霍河、水头河、玉仙河、小关河。这四条河汇流后向北至草店村，在金谷堆东南入荥阳境，注入汜水河；再北流至荥阳市汜水镇注入黄河。

霍河（又名刘河） 霍河上游有两条小河，在王河水库汇合后，西北流至刘河，汇合南来的徐台沟溪水，向西北流入巩义境内，穿窄路堰至米河村（现米南村和米北村），河流全长约 13 千米，流域面积约 38 平方千米。

汜水河　王向阳　摄

水头河　源出荥阳市庙子乡，北流入米河，主流长 8 千米，流域面积约 28 平方千米。水头村至米河村（现米北村和米南村）间的河道宽 15 米，水深 0.3 米，流量变化大。据 1957 年资料，年平均流量为 0.29 立方米 / 秒；枯水期流量为 0.02 立方米 / 秒；洪水期流量为 48.2 立方米 / 秒（7 月），无断流现象。全年有 9~10 个月为枯水期，2~3 个月为洪水期。山洪暴发，河水上涨，持续时间为 4~8 个小时，即全退。

玉仙河　又称石城水，新中镇老庙村以下称庙路河。源出浮戏山牤牛山下，全长约 16 千米，流域面积约 56 平方千米。该河水情分三段，小龙池以南为季节河，共汇入 6 条支流。小龙池以北，水流常年不断，至大竹园，河水潜入河床，暗流至新中镇温堂村，水复冒出，流约几里许，又潜为暗流。至米南村郭家沟东与水头河汇合，汇入汜水河。

小关河　源出竹林镇竹林寺、小关镇段河及水道口的山沟，大小溪水有 11 道。全长约 10.5 千米，流域面积约 52 平方千米，属季节河。这 11 条溪水是：竹林寺水、寨北沟水、冯寨沟水、冯寨南沟水、栗寺院前水、小关南沟水、后纸坊水、东湾小水、竹园沟西沟水、水道口至口头水、段河水。以上小溪陆续汇合后，经米河镇高庙村，在两河口村注入汜水河。

玉仙河、小关河汇入汜水河　马健　摄

土　壤

米河镇境内有立黄土、白土、红黏土、两合土、黑垆土、黄胶土、石渣土 7 个种类，大部分土壤是通体，只有极少数土壤分层。

立黄土　主要分布在赵岭、东竹园、小里河、铁山、支石、米北等村。面积 10203 亩，主要分布在地势较高的浅丘阶地，质地为壤土、灰黄色。

白　土　主要分布在草店、小里河、汇龙、高庙、半个店、魏寨、水头等村，面积为 7719 亩，主要分布在山顶丘陵上部，质地较松，保水肥能力较强，呈灰白色。

红黏土　主要分布在草店、汇龙、刘源沟、半个店、米南、水头等村，面积 6696 亩，主要分布在丘陵中下部，呈暗红色或棕红色，质地黏重，是一种劣性土壤，但保水肥能力较强。

两合土　主要分布在小里河、高庙、米北、米南、菜园，魏寨等地，面积 5558 亩，多分布在丘陵缓坡，大都是红黏土和白面土（或红黏土和立黄土）的混合，呈棕红色或姜黄色，养分含量高，保水肥力强，耐旱耐涝，是米河镇农作物生产的一种理想土壤。

黑垆土 主要分布在东竹园、半个店、米北、水头等村，面积1945亩，多分布在疏岭缓坡，呈灰黑色，速效性养分含量较高，是较肥沃、易耕、适种性广的土壤。

黄胶土 主要分布在汇龙、刘源沟、高庙、两河口等村，面积1493亩，分布在丘陵下部，与立黄土相接，结构紧密，耕作费劲，不耐旱涝，保肥力较强。

石渣土 主要分布在赵岭、铁山、双楼等村，面积1440亩，主要分布在石山下部、河沟等处，多是白土、冲积土、碎石块、红黄石的混合土，质地较松，易耕作，但保水肥差，是米河镇面积最小的一种土壤。

红黏土 王向阳 摄

两合土 邵保华 摄

物　产

家　畜　马、驴、骡子、牛（黄牛、奶牛）、猪、狗、猫、兔、羊（山羊、绵羊、奶羊）。

家　禽　鸡、鸭、鹅、鸽。

兽　类　狐狸、黄鼠狼、鼠、兔、獾、刺猬、蛇、蝙蝠。

鸟　类　麻雀、喜鹊、猫头鹰、乌鸦、斑鸠、鹌鹑、大雁、燕子、画眉、啄木鸟、布谷鸟、黄鹭。

虫　类　蚯蚓、蜘蛛、蝎子、蜈蚣、蛐蜒、苍蝇、蚊子、蠓虫、飞蛾、蜻蜓、蚂蚱、蟋蟀、牛虻、螳螂。

鱼　类　泥鳅、鲤鱼、鲶鱼、鲫鱼、草鱼、鲢鱼、黑鱼、黄颡鱼、甲鱼。

粮食作物　小麦、大麦、玉米、谷子、红薯、高粱、花生、油菜、芝麻、扁豆、黄豆、绿豆、黑豆、豌豆、豇豆、红小豆。

蔬　菜　韭菜、菠菜、芹菜、芥菜、香菜、君达菜、黄花菜、白菜、大葱、洋葱、大蒜、卷心菜、土豆、西红柿、辣椒、豆角、雪里蕻、茄子、割菜、苋菜、萝卜、南瓜、丝瓜、黄瓜、笋瓜、冬瓜、生菜、空心菜、茼蒿、上海青。

瓜　果　西瓜、甜瓜、柿子、苹果、李子、石榴、核桃、葡萄、无花果、橡子、杏、桃、梨、枣。

乔　木　国槐、洋槐、桐树、臭椿、香椿、榆树、杨树、桑树、皂角树、梧桐树、构树、橿树、栎树、楸树、楝树、樟树、柏树。

花　卉　月季、牡丹、美人蕉、腊梅、鸡冠花、菊花、鸢尾花。

中草药　金银花、防风、地丁、蒲公英、艾、车前子、柴胡、元胡、远志、连翘、葛松、地骨皮、菟丝子、何首乌、薄荷、枣仁、杏仁、桃仁、荆芥、二丑、藿香、小茴香、仙人掌、山楂、香附子、菊花、柏子仁、苍耳子、鬼圪针、全蝎、土元、白茅草、大蓟、小蓟、芍药。

小麦　邵保华　摄

刘源沟村鸢尾花种植基地　邵保华　摄

水头村芍药园　王向阳　摄

矿产资源

米河镇，南部山区地势起伏，北部丘陵河川崎岖，蕴藏丰富的矿藏资源。经勘探，铝土矿储量约为 1500 万吨，铝黏土约为 150 万吨，石灰岩约为 6500 万吨，冶金黄铁矿约为 30 万吨。南自水头、魏寨、苇园等村；北至草店村一带煤地下储量很大，面积有 32 平方千米，碳煤储量 8450 万吨，黄煤储量约 6830 万吨，米北、米南、汇龙村一带，地下煤层厚 8~10 米。沿河一带河沙、石子可供建筑使用，红石山、马驹岭红岩石，坚硬可做建筑料石使用。

米河镇主要矿产资源分布简表

矿产名称	矿产资源分布区域
白云岩	明月村、魏寨村、水头村
大理石	明月村、魏寨村、水头村
石灰岩	明月村、魏寨村、水头村、苇园村
高铝黏土	水头村、魏寨村、菜园村、苇园村
低铝黏土	水头村、魏寨村、菜园村、苇园村
红砂岩	半个店村、东竹园村、赵岭村、草店村、铁山村、支石村
页岩	米北村、米南村、半个店村、东竹园村、汇龙村
砂岩	米北村、米南村、半个店村、东竹园村、两河口村、汇龙村、刘源沟村、草店村、小里河村、铁山村
无烟块煤（炭煤）	水头村、魏寨村、菜园村、苇园村、双楼村、米南村、米北村、半个店村、东竹园村、高庙村、刘源沟村、两河口村、汇龙村、铁山村、小里河村、草店村
无烟粉煤（黄煤）	水头村、魏寨村、菜园村、苇园村、双楼村、米南村、米北村、半个店村、东竹园村、高庙村、刘源沟村、两河口村、汇龙村、铁山村、小里河村、草店村
黄铁矿	苇园村、魏寨村、水头村

人口民族

人口总量

据民国十八年（1929 年）《巩县志》记载，1920 年米河地区总人口 25535 人，其中男性 13259 人，女性 12276 人。

1953 年，第一次全国人口普查，米河区（巩县第十区）总户数 7396 户，人口 34733 人，其中男性 17017 人，女性 17716 人。

1964 年，第二次全国人口普查，米河（包括米河人民公社和小里河人民公社）总户数 6212 户，人口 30165 人。其中男性 14881 人，女性 15284 人。

1982 年，第三次全国人口普查，米河乡总人口 39534 人，其中男性 19508 人，女性 20026 人。

1990 年，第四次全国人口普查，米河镇总人口 46109 人，其中男性 22971 人，女性 23138 人。

2000 年，第五次全国人口普查，米河镇总人口 49858 人，其中男性 25236 人，女性 24622 人。

2010 年，第六次全国人口普查，米河镇总人口 45595 人，其中男性 23012 人，女性 22583 人。

2015 年，米河镇总人口 49633 人，总户数 13141 户。其中男性 25204 人，女性 24429 人。

2016 年，米河镇总人口 50143 人，总户数 13056 户。其中男性 25453 人，女性 24690 人。

2017 年，米河镇总人口 50655 人，总户数 12941 户。其中男性 25628 人，女性 25027 人。

2018 年，米河镇总人口 51275 人，总户数 12872 户。其中男性 25895 人，女性 25380 人。

2019 年，米河镇总人口 51603 人，总户数 12827 户。其中男性 26092 人，女性 25511 人。

民族构成

米河辖区内主要民族为汉族。2019 年，米河镇总人口 51603 人。其中，汉族人口 51545 人，占总人口的 99.89%，少数民族有回族、蒙古族、维吾尔族、苗族、壮族、布依族、满族，人口共 58 人，占总人口的 0.11%。

姓氏组成

米河镇主要姓氏：马、张、王、李、赵、刘、吴、周、韩、程、魏、丁、宋、郑、余、冯、窦、翟、田、曹、部、贺、杨、杜、郭、何、耿、苏、雷、崔、陈、范、苌、焦、淡、戚、侯、楚、秦、铁、时、牛等。

社会发展

科技科普

米河镇大力实施科教兴镇战略，发展科学文化教育，加大科技创新力度，制定科技政策和配套措施，培养和引进科技人才，组织实施科技攻关、火炬计划、星火计划和成果推广等科技计划项目，大力发展民营科技企业、高新技术企业，积极推进产业升级。科普活动坚持面向基层、面向生产、面向群众，以推广实用技术为主要内容，普及人民群众生产、生活方面急需的科技知识，取得了较显著成效。

科　技　改革开放以来，米河镇始终把科技工作放在重要位置，设立了镇、村和企业科技副职，成立科技工作领导小组，设立“创新奖”“科技进步奖”，加强科技人员的管理与培训，实施科技发展计划，推动工作落实。

重视人才培养和引进。人才培养从学校教育抓起，利用企业职工学校，开展岗位提升培训；聘请有关专家有针对性地开展技术培训；选送优秀青年到大专院校进修，结业后回

2004年米河镇举办实用技术培训班　赵启明　摄

企业工作；招收大学毕业生、引进和聘请专业技术人才，助力企业发展。全镇每年培训技术人员 300 人次，先后引进技术人才 1500 多人。

加强技术合作与研发。先后与 60 余家科研机构合作，建立产学研基地 3 个，积极推进工艺创新、产品创新、品牌创新，提升产业层次。

水泥行业引进了立窑、旋窑生产技术，使用水幕除尘、袋式除尘、电除尘，不断提高产品产量、质量和污染治理效果，水泥产品荣获部优产品 2 个、省优产品 26 个。

机械行业新产品不断涌现。1986 年，巩县木工机械厂研制的 MJ 中型带锯机被河南省人民政府评为优质产品。河南曙光泵业科技有限公司研制的两相流杂质泵，1987 年获得国家科学技术进步奖三等奖，1991 年在“七五”全国星火计划成果博览会上荣获金奖，同年 12 月被评为轻工业部优质产品。

河南省米净瑞发净化设备有限公司与核工业部第五研究设计院合作，生产各种型号规格的空气净化产品，成为行业标准制定的参与者。

郑州骏科纳鑫特种陶瓷制品有限公司自主研发生产的高端氮化硅粉体、高性能氮化硅陶瓷制品属于国家重点支持的新材料项目，2016 年被认定为国家级科技型中小企业、国家级高新技术企业。

米河防腐涂料厂研制开发生产的特种防腐蚀涂料、纳米复合防锈漆、水性防腐蚀涂料及工业用清洗剂，先后获得省、市科技进步二等奖、三等奖，第九届中国专利新技术新产品博览会金奖等。

郑州骏科纳鑫特种陶瓷制品有限公司高性能氮化硅陶瓷制品检验　邵保华　摄

截至2019年底，米河镇有省级技术研发中心1个，市级技术研发中心1个，高新技术企业2家。

农业生产领域。1958年，成立农机站，主要负责农业技术推广、选种育种、科学管理工作。1972年后，农业技术员对种植的小麦、玉米、谷子、红薯开展对比试验，选育优良品种。1978年后，各村成立科研站，开辟试验田，普及推广玉米高产等技术和经验。先后取得科研成果10余项，获得省县奖励8项。改革开放以来，米河镇每年都引进玉米、小麦、红薯、油菜、芝麻、蔬菜等优良品种，利用“丰产方”“示范田”，在全镇范围内进行小面积试验、中面积示范、大面积推广。近年来，积极推进农业机械化，引进了旋耕耙、大型播种机、收割机，推广旱作农业、节水灌溉等技术，为粮食丰收打下了良好基础。

科 普 20世纪50年代，米河地区的科普活动主要为科普讲座。1981年，米河人民公社科学技术协会成立，科普活动全面展开，科普工作逐步走上正轨。进入21世纪，科普活动更加广泛。通过创建科技示范村、科技示范户、科技示范基地，大力传播科技知识、科学思想、科学精神；采取送科技下乡、培训班和网络平台等教育培训手段，面向基层群众开展科技教育、政策法规、卫生健康、食品药品、安全生产等科普活动，科普进社区、进农村、进企业、进学校，形成人人学科学、信科学、用科学的良好氛围。

科普进校园 米河镇人民政府 供图

学校教育

米河的学校教育始自清光绪三十二年（1906 年），即在高庙村福昌寺创办的崇仁高级小学，属巩县开办较早的学校之一。1942 年，成立崇仁中学。1948 年 5 月，县立“二六”完全小学在米河开办。新中国成立后，各村相继成立小学。1956 年 7 月，巩县第八初级中学在高庙村成立；1969 年 7 月，改为巩县米河“五七”高中。中华人民共和国成立至 2019 年，米河先后设立文教助理、文教组、教研组、教育组、教育办公室、教研中心、中心校等教育管理机构，管理中小学校、幼儿园的教学工作。截至 2019 年底，米河镇有初中 2 所、小学 6 所、教学点 2 个、幼儿园 6 所。

米河镇第一初级中学 创办于 1980 年 8 月，校址位于米河镇高庙村。1983 年 8 月，迁至米河镇两河口村。1987 年 11 月迁至米河镇镇区。2014 年，迁至米河镇小里河村。占地面积 53360 平方米，建筑面积 31800 平方米。现有教学班 12 个，在校学生 610 人，教职工 73 人。先后获得“河南省教育系统先进家长学校”“河南省教育系统示范家长学校”“郑州市普通初中教育教学先进单位”“郑州市中小学德育工作先进单位”“郑州市教育系统‘平安校园’建设先进单位”“郑州市中小学德育创新先进集体”“郑州市普通初中教学创新先进单位”等称号。

军训中的米河镇第一初级中学学生 张洲雷 摄

米河镇第二初级中学 张洲雷 摄

米河镇第二初级中学 位于米河镇高庙村。学校前身为巩县第八高级中学，1991 年巩县八中撤并，在八中原校址建立米河镇第二初级中学。占地面积 22587 平方米，建筑面积 14850 平方米。现有 12 个教学班，在校学生 640 人，教职工 65 人。先后获得“巩义市教育教学工作先进单位”“郑州市德育建设先进单位”“郑州市教学创新先进单位”等称号。

米河镇中心小学 创办于 2014 年，位于米河镇区，占地面积 19300 平方米，建筑面积 7342 平方米。现有 6 个年级 13 个教学班，在校生 678 人，教职工 38 人。先后获得“巩义市语言文字规范化示范学校”“巩义市文明校园”“巩义市中小学社会实践活动先进单位”“巩义市教育教学先进单位”等称号。

米河镇东竹园小学 创办于 1942 年，位于米河镇东竹园村。占地面积 5600 平方米，建筑面积 3789 平方米。现有 12 个教学班，学生 510 人，教职工 27 人。先后获得“郑州市标准化学校”“郑州市文明学校”“郑州市卫生先进学校”“郑州市红领巾示范学校”“河南省先进家长学校”等称号。

米河镇米北小学 创办于 1973 年，位于米北村第 10 村民组。占地面积 10324 平方米，建筑面积 3086 平方米。现有 6 个年级 12 个教学班，在校生 339 人，其中寄宿生 89 人，教职工 22 人。先后获得“全国校园足球特色学校”“巩义市关心下一代先进集体”“德育工作先进单位”“文明单位”等称号。

米河镇中心小学　赵启明　摄

米河镇东竹园小学　米河镇人民政府　供图

米河镇米北小学足球场 王向阳 摄

米河镇小里河小学 创办于1947年。占地面积15000平方米，建筑面积4890平方米。现有12个教学班，学生431人，专职教师31人。先后获得“巩义市素质教育师范学校”“义务教育均衡发展先进学校”等称号。

米河镇高庙小学 创办于1906年，前身为崇仁高级小学，校址在高庙村福昌寺。1954年，成立高庙中心小学，在高庙村关帝庙新建。占地面积6600平方米，建筑面积4000平方米。现有6个教学班，在校生256人，教职工15人。先后获得“郑州市标准化小学”“郑州市红领巾示范学校”“郑州市电化教育工作先进单位”“河南省教育系统先进家长学校”“巩义市义务教育均衡发展先进学校”等称号。

米河镇半个店小学 创办于民国初年，位于米河镇半个店村。占地面积6200平方米，建筑面积4200平方米，现有6个教学班，学生204人，教职工20人。

米河镇水头教学点 创办于1949年。1960年，水头村委在二郎庙西对学校进行扩建。1987年，新建四层教学楼，2003年，在二郎庙东北建成新的水头小学。占地面积6550平方米，建筑面积2400平方米。现有5个教学班，学生46人，教职工9人。

米河镇小里河小学少先队入队仪式　米河镇人民政府　供图

米河镇高庙小学　赵启明　摄

米河镇草店教学点　创办于1949年，位于米河镇草店村。占地面积4200平方米，建筑面积1800平方米。在校学生95人，教师12人。1999年先后获得“郑州市文明单位”“花园式学校”等称号。

米河镇中心幼儿园　创办于2007年，位于镇区滨河路。占地面积4386平方米，建筑面积4083平方米。现有18个教学班，在园幼儿485人，教职工52人。先后获得“郑州市示范性幼儿园”“河南省教育系统示范家长学校”等称号。

米河镇半个店小学　刘成武　摄

米河镇水头教学点体育课　张洲雷　摄

米河镇草店教学点课间体操　赵启明　摄

米河镇中心幼儿园　米河镇人民政府　供图

米河镇小里河幼儿园　米河镇人民政府　供图

米河镇小里河幼儿园　创办于1995年，是米河镇建成最早的一座设施齐全的综合性示范幼儿园。占地面积4561平方米，建筑面积5968平方米。现有12个教学班，在园幼儿320人，教职工35人。先后获得“郑州市文明单位”“民办教育先进单位”“郑州市示范性幼儿园”等称号。

米河镇高庙幼儿园　创办于2014年8月。现有5个教学班，在园幼儿150人，教职工15人。该幼儿园以“幼儿篮球潜能开发”为特色。2018年10月，通过郑州市一级幼儿园验收。2019年参加郑州市教体局、郑州市篮协共同举办的“郑州市幼儿篮球联赛”，获得篮球操项目亚军、技能赛项目一等奖、实战赛项目二等奖。

米河镇米北幼儿园　创办于1995年8月。占地面积3000平方米，建筑面积820平方米。现有7个教学班，在园幼儿180人，教职员工18人。2013年被评为郑州市二级幼儿园。

米河镇实验幼儿园　创办于2010年3月，位于米河镇东竹园村。占地面积1300平方米，建筑面积1130平方米。现有7个教学班，在园幼儿200人，教职工24人。2011年被评为郑州市一级幼儿园。

米河镇高庙幼儿园文体活动　米河镇人民政府　供图

米河镇米北幼儿园　米河镇人民政府　供图

米河镇实验幼儿园迎新年活动　米河镇人民政府　供图

米河镇新苗幼儿园　米河镇人民政府　供图

米河镇新苗幼儿园　创办于 1993 年 8 月，位于米河镇半个店村。占地面积 4000 平方米，建筑面积 700 平方米。现有 7 个教学班，在园幼儿 215 人，教职工 24 人。2011 年被评为郑州市一级幼儿园。2018 年被巩义市教育体育局评为先进办学单位。

医疗卫生

1952 年 12 月，巩县第十区米河卫生所建立，地址在米河老集南头路东。1965 年，米河卫生院成立，19 个村都建立了卫生所。1974 年 6 月，米河卫生院迁至米河公社所在地。1993 年 5 月建医技楼一栋，2009 年 3 月建 4 层门诊楼一栋、3 层病房楼一栋。占地面积 6600 平方米，建筑面积 5634 平方米，业务用房面积 5396 平方米。该院为集医疗、预防、保健及公共服务于一体的综合性一级甲等医院，是巩义市居民医疗保险定点单位。

现有在职职工 48 人，其中副主任医师 4 人，主治医师 9 人，医师 6 人，主管护师 4 人，护师 10 人，检验师 3 人，放射技术人员 2 人，口腔技术人员 1 人，药剂师 4 人，其他卫技人员 5 人。管理辖区卫生室 32 所，村医 74 人。

米河卫生院　刘成武　摄

群众文化

中华人民共和国成立后，米河镇公共文化事业蓬勃发展。截至 2019 年底，全镇有综合文化站 1 所，标准文化大院和农家书屋 15 个，业余文艺团队 30 支。米河镇综合文化站设在镇政府院内，室内面积 400 平方米，有电子阅览室、图书室、健身房、棋牌室、未成年人活动室、培训教室、多功能室等，制度健全，管理规范，免费对外开放。镇区建有怡乐园和百树园，为群众文体活动场地。每年元旦、春节、七一、国庆等重大节日，镇村举办各类文化娱乐活动，丰富群众精神文化。2001—2003 年，举办了河南省“鑫旺杯”河洛大鼓擂台赛、河南省首届曲艺节、河南省鼓曲唱曲大赛等大型文化活动。2006 年，镇区举办“梨园春擂台赛选拔赛”，米河戏迷爱好者和来自全国的豫剧爱好者同台演出。

2008 年，米河镇先后成立了篮球、乒乓球、羽毛球、门球、太极拳、象棋、戏曲、舞蹈、摄影、钓鱼、绘画、书法、大水、旗袍 14 家文体协会，经常开展摄影、钓鱼、书画、舞蹈、篮球、象棋等比赛活动。2009 年，米河镇米北村秧歌队代表巩义市演出获得郑州市秧歌大赛二等奖，2009 年获得“河南省民间文化艺术之乡”称号。近年来，镇村开展了“红

米河镇区怡乐园　马健　摄

米北村文化礼堂　马健　摄

色文艺轻骑兵”“激情盛夏”“快乐星期天”、脱贫攻坚书画展等活动。

中国巩义神墨碑林　位于米河镇小里河村。占地3.3万平方米，2007年2月建成开放。主要建筑有和谐塔、王公寿书法艺术纪念馆、碑廊等，建筑风格古典与现代相结合，形成优美的园林景观。

王公寿（1925—2008年），米河镇小里河村人，书法家。自幼跟随叔父在该村祖师庙读书，酷爱书法，闲暇时在庙院碑坯上用毛笔蘸水写字。1948年，进入巩县人民政府工作，负责起草文书和书写布告。长年坚持修习书法，研究历代碑帖和古今书法理论，书法技艺不断提高，诸体皆精。字体端庄、古朴、苍劲、雄健。1984年，作品荣获中原书法大赛三等奖；1985年，获河南省楷书展览二等奖。后在鑫旺集团支持下，在小里河村建成神墨碑林。

米河镇广播电视站　前身是米河镇教育差转台，于1992年1月1日正式开播。1994年12月，镇区建立闭路电视系统，有线模拟传输12套电视节目。1995年10月，米河镇教育差转台更名为米河镇广播电视差转台，米河镇闭路电视系统升级，邻频传输18套电视节目。1996年5月，米河镇闭路电视系统增加到26套电视节目。1996年8月，米河镇

中国巩义神墨碑林　邵保华　摄

神墨碑林　张建军　摄

广播电视差转台拍摄制作了反映米河镇龙头企业——河南鑫旺集团有限公司发展纪实的电视专题片《从凤凰岭走向世界》。1996 年 12 月，米河镇广播电视站成立。2000 年，米河镇广播电视站由传输 26 套电视节目提升为传输 33 套电视节目，全镇实现有线电视村村通。2003 年，米河镇广播电视站拍摄的电视专题片《兄弟情》获郑州市首届全民 DV 作品大赛“美丽家园和谐郑州”一等奖。2006 年，米河镇广播电视站传输 46 套电视节目，并开设米河镇有线二套《空中讲堂》《科技之窗》等 10 个栏目。2008 年，米河镇有线二套更名为米河远程教育频道，把中央远程教育网络节目分设 12 个栏目，通过米河有线电视网络传播给千家万户。2012 年，米河镇广播电视站采用数字传输技术传播 120 套数字电视和 3 套高清电视节目。2013 年，米河镇广播电视站与巩义市广播电视网络中心并网，转播巩义一台、二台等广播电视节目。

大　水　中华人民共和国成立前，大水在米河十分盛行，尤以水头、米北、米南、两河口、半个店、东竹园、草店、赵岭等村活动最普遍，水头有“大水之村”的美称，演奏鼓点独特，铿锵有力，其套路大同小异。至 2019 年，水头、两河口、草店等村的大水仍兴盛不衰。大水的乐器有大鼓四面，鼓槌四对，大惊（大铜锣直径二尺）两面；大黑惊（锣），四面；

大水（2008 年米河镇春节文艺汇演） 赵启明 摄

大铙四副；小马锣两面；镲四面。演奏方法是击鼓锤按歌伴奏，草店、水头村的大水共有二十一路：花继周、钝锤继周、大小得胜、恋石泉、双脚尾、牛抵头、双交、单交、直交、左右十字交、乌鸦垒窝、乌鸦摆尾、上腔、下腔、紧交头、紧鼓头、摸角头、滚地雷、狗吞食、路继周。就地打水，珍珠倒卷帘、西游记单交、游西湖单交、十样景一般定四鼓居中，大惊、大黑惊在四鼓周围对站、小马锣、铙、镲交叉站立。游打时，四面鼓分前后两排，其余乐器分列两侧前后对站。赶庙会外出游行时，声势浩大，前有领队旗开路，后有数面彩旗，三眼炮（铳）一对，灯笼一对，高照灯一对，大水、小水乐队殿后，共有 60 多人，左右队列排开。20 世纪 80 年代以来，水头大水不断创新。由最早的四面大鼓发展到六十面大鼓，大小锣、钹、铙 130 余件，人员达 160 人，鼓歌增加到二十六路。

小　水　吹奏乐器和击打铜器相配合，属细乐，主要是演奏各种乐曲。乐器有上会首（吹奏器），包括铜管笛两支，笙、笛（横）、箫各四支至八支；下会首（击打器），包括鞭鼓、梆子、手板、小马锣、镲各数面。演奏时吹奏乐和击打器巧妙配合，歌曲悦耳动听。主要曲目有肚疼歌、小开门、赞十四、打罐、玻璃径、五圣佛、老八板、老长锤、乌鸦垒窝、梅花三弄、三潭印月等数十种。中华人民共和国成立前，外出游行时，执事銮驾根据庙会而定。如水头的正月初十、草店的二月初二、米河的正月二十九、老庙山的三月十一庙会，出游队列有肃静、迴避牌各一对，清道旗两面、开道锣、灯笼、高照灯、三眼铳各一对。旗号銮驾有标子旗八对、大旗十对、长号两对，金瓜、月牙斧、大刀、朝天凳各一对。声势浩大的有水头、西竹园、草店等，中华人民共和国成立后基本停止活动，近年来仅有草店村的小水有活动。

狮　子　狮皮是用山羊皮缝制、狮头内设木架，外用山羊皮彩布制成，狮身用彩绸结花披戴。舞狮者身穿山羊皮裤，一人双手拧住狮头，使头嘴张动灵活，后一人手扶前者腰部，弯腰转狮身、摆尾等；斗狮者穿武士衣着，舞动绣球、枪、刀、剑、捎子棍等，逗引狮子。舞狮者表演有倒单桌、抛绣球、单桌倒椅、银星推磨、骑塔（桌上放两条板凳），大过桥（桌上放两个椅子）等。表演时，大水伴奏，震惊狮子，斗狮者用绣球引入场，鼓乐声和舞狮动作相配合，表演优美惊险，深受群众欢迎。中华人民共和国成立前，水头、米河、两河口、草店、铁山等村有舞狮表演。1984 年后，半个店村恢复此项活动。

旱　船　用竹子绑扎成船形，船周围用彩布或丝绸镶装。撑船女郎站在船中，将船架系在腰部，另一演员根据节目而定，一般是须生，手拿棹板在船四周走动，假作撑船。船身在场上来往游荡，表演时有乐队伴奏。两位演员也有对歌，或道白，多用曲调，表演形象逼真。中华人民共和国成立前，米河旱船演出比较普通，以米北、米南、高庙等地闻名。近年，米北的旱船仍有演出。

犟　驴　用竹扎编，外用彩纸糊成或彩布张成驴的形状（没脚腿），表演女郎站在驴腹腰中，将扎架绑在

半个店舞狮表演　米河镇人民政府　供图

旱船（2008 年米河镇春节文艺汇演） 邵保华 摄

身上，做骑行状。赶驴者手扬马鞭，装束根据节目而定，如王小赶角等。表演时男女对唱，赶者时拉时赶，骑者环场游走，配以蹋跳动作，惟妙惟肖。中华人民共和国成立前，米河半个店的犟驴表演远近闻名，后较少演出，1984 年后，又开始了此项活动。

二鬼摔跤 二鬼是两个丑角，外貌丑陋滑稽，衣着黑色，似鬼状，属单人表演节目。道具用秸秆扎成两个鬼的上半身，把二鬼绑成两臂相扭，相互搏斗之势，给假人穿上古装长衫，装扮散乱头发，彩绘出鬼脸。表演时，表演者穿上道具服装，双手装上假足，将道具牢牢地绑在背上。在道具服装的隐藏下，表演者以双臂双腿，以抡、转、滚、翻、摔、扫、踢、挡、下绊、托举等摔跤动作，模拟二人摔跤动作，做出滑稽、幽默逼真的摔跤姿态，逗人捧腹。中华人民共和国成立前，米北、米南、半个店、水头有演出。1984 年后，半个店村恢复演出了此节目。

高庙高跷 米河镇高庙村部寨高跷队创办于清末，所踩高跷四尺半，舞者分别扮演和尚、相公、小姐、丫鬟、老婆、青衣等。服饰多模仿戏曲，常用道具有扇子、手绢、木棍、刀枪等。表演形式有“踩街”和“摞场”两种。“摞场”又分舞队边舞边走队形图案的“大场”和两三人表演的“小场”，角色间多男女对舞，有时边舞边唱。表演风格上分“文跷”

高庙高跷　张建军　摄

和“武跷”，“文跷”重扭踩和情节表演，“武跷”重炫技功夫。每年元宵节前后，都在村镇表演。

社会保障

中华人民共和国成立后，米河镇政府先后设民政干事、民政助理、民政所，开展救灾、济贫、优抚等社会保障工作。2015 年，米河镇便民服务中心成立，设有民政、计生、社保、团委、网格、广播电视等服务窗口。

中华人民共和国成立后，米河对孤寡老人实行“五保”（保吃、保穿、保医、保住、保葬）供养，“五保”老人的生活由农会、互助组负责。成立人民公社后，“五保”老人的生活由大队、生产队负责。实行联产承包责任制后，“五保”老人发生活补贴，分责任田，责任田免交农业税，能自种的自种，不能自种的由村组指定人代种。对于生活不能自理的老人，其生活仍由村组负责。

1958 年，米河公社在两河口大队办敬老院，工作人员 11 人，供养“五保”老人 33 人，

米河便民服务中心　刘成武　摄

米河镇敬老院　雷宇　摄

1961 年敬老院停办。1998 年，米河镇重建敬老院，位于米新路米南桥头，占地 1 万平方米，建筑面积 1000 平方米。米河镇对五保老人实行集中供养和分散供养。集中供养的老人入住敬老院，由政府出资、专人护理，日常生活由敬老院负责。分散供养发给老人生活补贴居家养老，医疗、亡故善后等由村组负责。截至 2019 年底，全镇有特困户 146 户，151 人，其中集中供养 24 人，分散供养 127 人。

1998 年，米河镇建立了以城乡居民最低生活保障制度为基础的社会救助体系，困难群众基本生活得到保障。积极开展帮扶困境儿童、老年人福利和慈善救助工作，2018 年成立“儿童之家”，2019 年建设老年人日间照料中心 2 处。全镇共有残疾人 1000 余人，为符合申办残疾证的残疾人办理残疾证并开展相关救助。截至 2019 年底，米河镇有低保户 361 户，634 人，按国家低保政策分三个等级发放补助资金。

2008 年，米河镇启动居民养老保险工作。由米河社会保障所承办，按年缴费，分 200~5000 元 15 个档次。截至 2019 年底，米河镇参保总人数 25631 人，参保率达 50%。其中，60 岁以上 9742 人。

2003 年，米河镇开始实行农村新型合作医疗。最初个人每人缴纳 10 元，随后逐年增长，保障范围也不断扩大。2018 年，改为城镇居民医疗保险，将农村居民和城镇居民统一纳入医保体系。2019 年，个人缴纳 250 元，全镇居民医疗保险参保人数 38115 人，缴费 9528750 元，补贴 810050 元（计生、70 岁以上、优抚对象、贫困户），参合率 87% 以上。

精准扶贫

2016 年以来，米河镇把高质量打赢脱贫攻坚战作为首要政治任务，抓实抓细，强力推进，对排查出来的贫困人口实施动态管理。巩义市向明月、赵岭、水头、苇园、魏寨、米北等村分别派出驻村工作队，抽调市委统战部、市农委、司法局、公安局、米河镇政府 149 名干部分包贫困户。镇村成立脱贫责任组，组织扶贫干部认真学习党和国家的扶贫政策。镇党委、政府积极开展产业扶贫，成立 13 家扶贫驿站，对贫困户实施积分管理和“志智双扶”教育，小里河、高庙、米北、米南、明月 5 个村成立了脱贫爱心基金会，对贫困户和弱势群体进行常态性救助帮扶。不断完善镇村基础设施，投入专项扶贫资金 840 万元，实施“五改一增”和安全饮水项目，硬化村组道路，改善贫困户的生产、生活和出行条件。落实健康扶贫、教育扶贫、社会保障等帮扶政策，逐步解决贫困群众的“两不愁、三保障”问题。截至 2019 年底，全镇 149 户，407 人实现脱贫。明月、赵岭两个省级贫困村借助项目开发，实施整村搬迁安置，顺利实现全村脱贫。

明月村 位于巩义市米河镇东南的浮戏山深处，全村 180 多户，多为贫困户，是省级贫困村。2013 年，该村抓住搬迁扶贫的政策机遇，争取项目资金，投资 4000 万元，在镇区购置土地 23 亩，建设住宅楼 8 栋，建筑面积 31500 平方米，2015 年实现了整村搬迁，成为巩义市第一个实施整村搬迁的贫困村。2016 年，河南民安置地集团投资 30 亿元建设民安明月旅游度假区项目正式签约。明月村通过服务项目建设，集体经济收入逐年提高，建档立卡贫困户年人均收入过万元。近年来，明月村相继获得“巩义市先进基层党组织”“巩义市文明村”等称号。

赵岭村 位于米河镇东北部，地处山区，是省级贫困村。近年来，为改变贫困面貌，

明月村产业带贫项目（无公害蔬菜基地） 王向阳 摄

赵岭村安置区　马健　摄

赵岭村依靠惠民政策，通过整修道路，架设供水管网，提升公共服务，促进就业增收等措施，于2016年实现了整村脱贫。2017年6月，赵岭村安置区正式开工建设。2019年6月，总投资1.15亿元的赵岭社区竣工，赵岭村群众陆续回迁新居。

居民生活

衣　清末民初，平民和手工业者衣着多是黑色粗布衣。年老的冬天穿有襟棉袄，头戴毡帽，腰束草绳或布带子。豪门富绅穿的多是绫罗绸缎，高领长袍，瓜皮帽。民国时期，许多人穿长袍，戴礼帽，青年学生穿中山装和制服。中华人民共和国成立后，服装样式和色彩丰富起来，中山装、军装、对开服装成为主流。改革开放后，人们的服装更加丰富多彩，各种面料、样式的服装走进百姓生活，注重舒适与时尚。

食　米河地处浅山丘陵地区，1949年前，粮食产量低，百姓生活贫苦。1949年后，在中国共产党的领导下，人民奋发图强，科学种田，粮食产量大幅度提高，饮食品种日益丰富，生活水平逐步提高，鸡、鸭、鱼、肉、蛋、牛奶等进入寻常百姓家，有机、无污染、无公害的绿色食品受到欢迎。

住　1949年前，米河传统民居有窑洞、草房、瓦房等。打土窑洞，按地形大小宽窄，有1孔、2孔、3孔、5孔不等，少数有用石头或砖建的明券窑、暗券窑。建筑瓦房的形式、结构不一，有包檐、不包檐之分。凡是椽头不外露者为包檐，椽头外露者为不包檐。清末及民国年间，瓦房一般有高脊，脊两头有兽头，房檐皆有滴水勾檐，房子两边有瓦带。1949年以来，平房渐多，一般为砖石券或楼板水泥顶。20世纪80年代末，时兴建二层楼房。90年代中期，高层住宅楼逐渐在镇区及周边兴起，农村人口向城镇集中。2016年以来，米河镇加快推进新型城镇化，赵岭村、明月村、刘源沟村、小里河村、草店村先后整村搬迁，米北村、米南村、半个店村、魏寨村、双楼村实施了部分搬迁，极大改善了群众的居住条件。

20世纪70年代米河镇居民生活老照片之一
米河镇人民政府　供图

20世纪70年代米河镇居民生活老照片之二
米河镇人民政府　供图

20世纪70年代米河镇居民生活老照片之三
马焕　供图

20世纪70年代米河镇居民生活老照片之四
米河镇人民政府　供图

行 1949 年前，米河居民的出行方式主要为牲口和木制独轮车。1949 年后，发展到手扶拖拉机、四轮拖拉机、自行车、摩托车、汽车、火车。近年来，许多家庭购买了汽车，出行更加便捷。

精神文明建设

20 世纪 60 年代，米河镇开展“向雷锋同志学习”活动，树立社会主义新风尚。改革开放以来，米河镇大力加强乡风文明建设，开展了“十星级文明户”“好媳妇”“好公婆”“身边好人”评选和文明村镇、文明单位创建活动。进入 21 世纪，米河镇积极培育和践行社会主义核心价值观，形成了“敢于挑战、勇于创新、勤于苦干、乐于奉献”的米河精神。实施公民道德建设工程，相继举办“乡风文明培训班”道德讲堂、“我们的节日”“红歌比赛”“周末文化广场”“最美家庭”“文明家庭”“书香家庭”和好家风、好家训传播等活动。各村成立了村民议事会、道德评议会、红白理事会、禁毒禁赌会等。2018 年，米河镇创成郑州市文明镇。截至 2019 年底，全镇有省级文明村 1 个，郑州市级文明村 1 个，巩义市级文明村 4 个。

米河镇群众文化演出 张建军 摄

志愿者服务活动 米河镇人民政府 供图

志愿者服务活动 米河镇以各党支部、党代表活动小组为依托，广泛发动群众积极加入到志愿服务活动中来。以政法干警、镇机关志愿者为主体，在主次干道、交通路口开展“文明交通志愿服务活动”，引导机动车辆、非机动车辆、行人文明出行。以各群团组织、社会志愿组织为主体，开展空巢老人、留守儿童、残疾人、低收入等弱势群体的“扶贫助困志愿服务活动”，开展留守儿童“合力监护 相伴成长”专项行动，为残疾人、农民工送温暖。截至2019年底，全镇建立志愿服务站20个，注册志愿者1万多人。

新时代文明实践活动 2019年，米河镇成立新时代文明实践站，村成立村文明实践中心。认真贯彻落实习近平总书记“注重家庭、注重家教、注重家风”的重要指示精神，积极探索建设和谐家风、振兴文明乡风的新途径。在双楼、米北、明月、高庙、小里河、两河口6个试点村，组建文明建设互助组，创办“米河文明共学互助家园”，就是由1名党员和1名乡贤（群众代表）将由10个（数量不绝对）相邻家庭自愿组建起来的一个文明家庭建设互助组，简称1+1+10党建+孝善模式。推动新时代文明乡风、良好家风、淳朴民风建设，促进乡村振兴。2019年，在巩义市开展的“摘星夺旗创三宜”活动中，6个试点村均摘取乡风文明星。

米北村新时代文明实践站　王向阳　摄

平安建设

进入新世纪以来，米河镇扎实推进平安建设。建立健全社会治安综合治理、预防和处置突发事件、安全生产、法制宣传教育等组织机构，制订切实可行的平安建设工作方案。加强村治保委员会、调解委员会等群众自治组织建设，健全了综治、维稳工作网络，技防、人防有机结合，对重点区域、重点部位、重点时段实行重点监控，把握治安防范主动权。充分发挥农村党员、平安志愿者、义务巡逻队伍在村务监督、宣传教育、刑释解教人员帮教、未成年人思想道德教育、义务巡村、邻里纠纷调解、维护社会治安等方面的作用，有力地预防、控制和打击违法犯罪。

开展普法教育进农村、进社区、进学校、进机关、进企业、进工地“六进”活动，普及现代法治观念，各村聘请法律顾问，每季度进行一次法治专题讲座。在全镇中小学开办法治课，聘请法治辅导员。建设法治文化长廊，制定村民自治章程和平安村村民公约，开展“平安村”“平安单位”“平安学校”创建工作，提高群众“自我教育、自我管理、自我监督、自我服务、自我受益”的意识和能力。全镇矛盾纠纷调解率达 98%，调解成功率达 96%。

普法教育之一 张洲雷 摄

普法教育之二 米河派出所 供图

乡镇建设

功能区布局

坚持“创新、协调、绿色、开放、共享”发展理念，以“注重生态、塑造特色、激发活力”为主题，提出宜居、宜业、宜游的生态城镇发展愿景，建设富有山水特色的现代化城镇。

全域城镇空间结构为“一心、两轴、多板块”。

一心：城镇综合中心，该中心处于城镇建设区中心区域、南北城镇发展轴，是米河镇集行政、商业、商务、科教、居住等功能于一体的城镇级综合中心。

两轴：依托G310形成的城镇发展主轴；依托中原西路形成的城镇发展轴。

多板块：镇区、由多个特色小镇板块形成的特色小镇片区。

米河镇镇区全景　王河宁　摄

镇区：依托老镇区发展，北至中原西路、南至米北村，西至汜水河，东至铁东路，镇区建设用地面积约6平方千米，以商业、行政办公服务、文化娱乐、居住等综合功能为主。

正商十里香山板块：中原西路东段两侧，以及镇区东部山岭地区，建设用地面积约5平方千米，以都市创意农业、文创、生态居住为主的特色小镇。

嘉和观澜温泉度假区板块：中原西路西段两侧，建设用地面积约5平方千米，以康养、

运动、田园居住等综合功能为主。

民安明月旅游度假区板块：镇域南部，以明月村为中心，依托现状村庄散落布置，建设用地面积约 0.4 平方千米，以禅文化为主体的养生度假板块。

特色小镇板块：镇区西侧，建设用地面积约 3 平方千米，以特色农业种植体验、居住等功能为主。

正商十里香山板块　马健　摄

嘉和观澜温泉度假区板块　刘成武　摄

民安明月旅游度假区板块 马健 摄

特色小镇板块 王河宁 摄

道 路

中华人民共和国成立前，米河镇没有正式的公路，虎林关为古代进出荥阳、巩县的官道。20 世纪 60 年代起交通事业迅速发展，先后修建的 G310、中原西路、南山旅游通道、S233 和 S315 连接线穿过米河。截至 2019 年底，米河境内有乡道 6 条，全长 35 千米；村道 110 条，全长 80.8 千米。米河境内现有过境铁路 2 条。

虎林关 位于镇东北草店村虎林坡口的虎林关，是荥阳、上街古代入巩县的第一关。此关遗址尚存，为虎林坡上几十米的黄土岭中部打通的一条隧道，北侧出口处砖石表券，从西门往东转 90° 弯后由南向北侧至北门出。洞高约 3 米，长 25 米，顶部糊麦秸泥，西门为自然黄土，高出地面约 5 米，沿墙根有一条石块铺设的小路可通。旧时此路为官道，大路通过关口。北门由砖石表券，券深 2.6 米，门宽 2.2 米，券高 2.5 米，券门脸高约 5 米。门额上砖券方池“河南府巩县诚立、虎林关、大清康熙六十一年六月”。北门外两侧为高 10 余米的山岭，中间一条宽约 3 米的羊肠小道，沿小道可至荥阳方顶、上街峡窝。

米河镇交通网络 马健 摄

虎林关　张洲雷　摄

G310 始建于 1964 年。原为郑洛公路，1981 年后升级为国道后改称 G310。沿汜水河途经米河镇草店、小里河、东竹园、汇龙、两河口、高庙 6 个村，境内长 7.3 千米。

S233（庙王路）至 S315（G310）连接线 起点位于荥阳刘河镇 S233，途径荥阳市刘河镇、巩义市米河镇、新中镇、小关镇 4 个行政区（米南、米北、双楼、温堂、高庙、口头等行政村），终点止于小关镇境内 S315 省道。全长 7.7 千米，其中米河境内长约 2.5 千米，是巩义市与荥阳市联建的连接 S233 与 S315 的快速通道。

中原西路 郑州中原路西延上街辘把坡至巩义 S237 段快速通道是郑州市快速通道之一，全长 24.56 千米（其中上街境 1.94 千米、荥阳境 2.11 千米、巩义境 20.51 千米），项目概算总额 23.11 亿元，设计采用双向 6 车道一级公路技术标准，全段限速 80 千米 / 小时，路基宽 33 米，路面宽 32 米，2017 年 4 月建成通车。中原西路在米河镇境内经过赵岭、草店、小里河、铁山、支石 5 个村，在小里河村设有出入口和标准引线。

小里河至韩家沟道路（中原西路引线） 起点位于中原路西延快速通道上，路线向南，在鑫旺铝厂西侧转向西，到落凤沟转向东南，沿老路前行，经小里河、韩家沟终点止于米

G310 张洲雷 摄

S233（庙王路）至 S315（G310）连接线　张洲雷　摄

中原西路　邵保华　摄

小里河至韩家沟道路（中原西路引线）　张洲雷　摄

河镇 G310 线上，路线全长 2.77 千米。总投资 2156.7 万元，是连接米河镇区至中原西路的交通干道。

南山旅游通道　2019 年建成，起点位于中原西路草店村出口处，路线向南经米河镇赵岭、半个店、米北、米南、水头、明月 6 个村，到新中镇石殿村连接 Y004 线。米河境内长 18.84 千米，是一条连接五云山、搠刀泉、杨树沟、浮戏山、长寿山、慈云寺等景区的旅游专用线。全线总投资 1.26 亿元。南山旅游通道设计公路等级三级，设计速度 30 千米 / 小时。

米水路　1974 年建成通车，经两河口、半个店、米南、水头等 4 个村，1990 年后又延长至明月村，全长 12.5 千米。

米魏路　1983 年建成通车，由米南村经双楼村、菜园村至魏寨村，全长 6 千米。

小支路　1985 年建成通车，在小里河、铁山、支石 3 个村原来土路的基础上扩修了小支公路，全长 5.5 千米。

南山旅游通道　马健　摄

米水路　王向东　摄

米魏路　王向阳　摄

小支路　雷宇　摄

铁　路

中铝矿业有限公司上街至小关矿山专用线全长 23.5 千米，1958 年 5 月兴建，1959 年 10 月通车。在米河镇半个店村岔道建支线至水头石料厂。自上街经竹川、草店、东竹园、两河口、高庙、新中、小关到达小关矿山。沿线设红石山、半个店、新中、小关 4 个车站。1960 年，开始办理客货营运业务（在货车上挂 1~2 节客车厢）。

徐兰高铁　途经米河镇草店村，境内全部高架，长度约 1.5 千米。

中铝矿业有限公司上街至小关矿山专用线　马健　摄

徐兰高铁　王向阳　摄

水利建设

中华人民共和国成立前，农民无力从事水利建设，在汜水河沿岸打了一些水车井，用于浇地，效率低下。中华人民共和国成立后，党和政府开展以治水、改土为中心的农田水利基本建设。20 世纪 70—80 年代，建设电灌站 7 处，水库 4 座，利用二级、三级提灌建设较大的蓄水池 23 座，扩大了水浇地面积。20 世纪 90 年代以后，米河镇党委、政府实施安全饮水工程，相继在镇区、小里河村、米北村建成 3 座供水站，实行集中供水，各村也依据实际进行改水，保障居民饮用水安全。现有机井 128 眼，其中浅层地下水机电井 118 眼，深层承压水机电井 10 眼，居民全部吃上了自来水。在解决吃水问题的同时，米河镇积极推进河道治理、塘坝建设和污水处理，投资 5298 万元，治理汜水河河道 18 千米。2018 年，完成投资 592.29 万元，在明月村建设塘坝 2 座，总库容 10.88 万立方米。

20 世纪 70 年代水利工程菜园村渡槽　王向阳　摄

明月村塘坝　马健　摄

供 水

米河镇区供水站 位于米河镇汇龙村，是以工代赈人畜饮水工程。该工程以汇龙村1眼机井为水源，由巩义市水利局设计，米河镇组织施工。1992年10月动工，1994年5月竣工，建成直径19米、容量1000立方米的封闭式圆柱形钢筋混凝土结构蓄水池。工程总投资155万元，管网长度14650米，覆盖镇区及周围5个行政村，可满足镇区及周边1万多人的饮水需求。

米北村供水站 1997年4月动工建设，1998年初建成。工程总投资120万元，占地700平方米，管网全长4000米，可蓄水1400立方米，每小时供水180吨，管网长度11460米，解决了米北村及周边万余人用水。

小里河村供水站 2000年4月动工建设，当年年底建成。工程总投资288万元，打深井1眼，出水量为每小时50立方米，蓄水池可蓄水3000立方米，管网全长11006米，可供小里河村及周边万余人用水。

供 电

米河用电始于1963年，当时主要是农业用电，由上街铝厂供电。截至2019年底，辖区内有110千伏变电站2座，开闭所1座。有10千伏综合线路14条115千米，10千伏专用线路6条12千米，0.4千伏配电线路226条215千米。综合变压器168台，容量合计48480千伏安，工业专用变压器103台，容量74265千伏安，农业机井专用变压器20台，容量2065千伏安。全镇平均月供电量为316万度，最高402万度。

供 气

2015年1月，米河镇实现天然气供气服务。截至2019年底，米河镇区域内建有车用LNG加气站2座，高中压调压站1座，次高压管网5.1千米，中压管网18.15千米，庭院中压0.85千米，低压管网4.4千米，累计服务居民用户2513户，工业用户29户，商业用户14户，公共服务用户1户。

米河变电站　王向阳　摄

米河镇燃气高中压调压站　邵保华　摄

排　水

米河镇有污水处理厂 2 个、污水一体化净化设施 1 处。其中，镇区污水处理厂设计处理规模 1500 吨 / 日，出水水质一级 B，主要处理镇区及汜水河沿线污水，2018 年 6 月建成，进水量约 1300 吨 / 日。小里河社区生活污水处理厂，设计规模 700 吨 / 日，出水水质一级 B，主要处理小里河、汇龙、东竹园片区污水，于 2017 年建成使用，进水量约 700 吨 / 日。2019 年 4 月，在草店村新建一座处理规模 50 吨 / 日的污水一体化净化设施，主要处理草店片区污水。

小里河社区生活污水处理厂　邵保华　摄

绿 化

中华人民共和国成立前，农民耕地少，温饱难以解决，栽树的人很少，全乡山林覆盖面积约 150 亩。中华人民共和国成立后，加强植树和山林管控，林业生产逐渐扩大规模和质量。1962—1969 年，先后在沿河故道植树造林 340 多亩，建成“东方红”林场、“红旗”林场，在马驹岭建成面积 500 多亩的林场，有专人管理。1974 年，为发展粮食生产，“东方红”“红旗”林场土地改种粮食。1979 年后，全民义务植树活动蓬勃开展，每年春冬植树成为常态。

2000 年以来，米河镇抓住国家惠农惠民政策，以建设美丽乡村为抓手，广泛宣传全民义务植树的公益性、义务性和法定性，号召全镇人民积极参与社区绿化、村庄绿化、企业绿化、校园绿化、庭院美化建设，大力开展国土绿化全民义务植树活动，义务植树尽责率达到 92% 以上。加大沟、河、路、渠的绿化广度和力度，加快推进镇村绿化美化，助推美丽乡村建设，2002—2004 年全镇完成退耕还林工程近 6000 亩，完成林业生态建设工程 1.5 万余亩；完成 8 个森林防火重点村公益林面积近 1 万亩。截至 2019 年底，全镇林木覆盖率达 30.1%，村庄林木覆盖率达 41.2%，单位庭院和小区绿地率达 25%。镇区绿地总面积达 122370 平方米，人均达 12.3 平方米，绿化覆盖率达 37.9%。全镇有古树名木 66 株。2010 年，米河镇创成“郑州市林业生态镇”；2013 年，全镇创成“郑州市林业生态村”11 个（明月村、两河口村、东竹园村、小里河村、高庙村、草店村、汇龙村、米北村、水头

米河镇林业生态建设 王向阳 摄

河南省森林乡村米北村　王河宁　摄

河南省环保生态示范村东竹园村　邵保华　摄

村、赵岭村、半个店村）；河南省环保生态示范村 2 个（东竹园村、小里河村）。2019 年，米北村创成河南省“森林乡村”。

环境卫生

米河镇以农村生活垃圾、污水治理、“厕所革命”和村容村貌提升为抓手，做好农村人居环境改善工作。大力开展镇区亮化美化，完善基础设施，健全专职环卫队伍机制，实施清扫保洁人工与机械联动模式，强化科学规范化道路清扫作业及精细化保洁。截至 2019 年底，米河镇有环卫工人 186 人，各类垃圾转运车辆 4 辆，吸尘车 1 辆，多功能洗扫车 2 辆，雾炮降尘车 1 辆，洒水车 3 辆，有垃圾中转站 4 座，分布在米北、高庙、菜园、草店等村，地埋垃圾桶 16 个，各类垃圾箱 1 千个，日平均清运垃圾 35 立方米。

从 2018 年开始，米河镇坚持每周五开展“清洁家园”活动。各村各单位出动志愿者，引导居民掌握卫生知识，养成卫生习惯，清理卫生死角和积存垃圾，创造干净整

河南省环保生态示范村小里河村　邵保华　摄

洁的卫生环境，提高人居环境质量。每周六号召全镇志愿者，到商业街区、游园、文化广场等场所，开展垃圾清理、卫生维护、植绿补绿等绿色环境保护志愿服务活动，镇容村貌明显改善。

米北村爱心花园　王河宁　摄

绿化喷洒车　雷宇　摄

党建政事

中共巩义市米河镇委员会

1938 年 5 月，水头大路坡余明礼（又名余科）由荥阳县肖寨的吴可海、吴可彦介绍，经皋阳中学地下党组织批准加入中国共产党，成为米河地区第一位共产党员。

1945 年 4 月，余明礼发展的积极分子王殿英、苌王平、张王成、周长水、乔有聚、王静国、丁九州 7 人经豫西抗日先遣支队三团团党委批准入党，编为一个支部，这是中国共产党在米河地区建立的第一个支部，书记任文义（四川人）。

1945 年 8 月，中共巩县县委派联救会赵主任（名不详）到米河扩大党的队伍，与余明礼、王殿英研究决定发展了王六、侯振武、霍永福、齐连成等 7 人为党员，同时建立十四堡党支部，书记余明礼。不久，在水头大路坡，经余明礼介绍，又有马有、陈成、马跃辰等 6 人入党。

1945 年 9 月，豫西抗日先遣支队奉命南下后，米河党组织被破坏。至 1948 年，党组织活动恢复。

1949 年 9 月，米河区党员 20 人，其中机关 12 人，农村支部 8 人。至 12 月，米河区党员 86 人，其中农村党员 65 人。

米河镇米北村党群服务中心　雷宇　摄

1950 年，党组织活动正常开展，逐渐在农民中发展党员，在农村建立组织。当年 11 月统计，米河区有农村支部 8 个，机关支部 1 个，正式党员 71 人，候补党员 54 人。

1952 年，米河区农村支部发展到 11 个，机关支部 1 个，党员总数 166 人，其中正式党员 111 人，候补党员 55 人。

1958 年 8 月，并乡建社，米河、小关两区所辖的 26 个乡，合并建立“新中人民公社”。1959 年 5 月，中共新中人民公社第一次代表大会召开，大会选举产生了第一届中共新中人民公社委员会。

1968 年 1 月，成立中共米河人民公社革命委员会。

1970 年 2 月，米河人民公社成立党的核心小组。

1971 年 6 月，中共米河人民公社第二届代表大会召开，选举产生了中共巩县米河人民公社第二届委员会。

1980 年，中共米河人民公社革命委员会改为中共米河人民公社委员会。

1981 年 12 月，中共米河人民公社第三届代表大会召开，选举产生中共巩县米河人民公社第三届委员会。

1984 年，米河乡各村建立了新的村党支部。

明月村村史党史文化长廊　雷宇　摄

米河镇人大代表联络站　张洲雷　摄

1987 年 4 月，米河乡党委下设 36 个支部，其中村支部 19 个。

1990 年，撤乡建镇，成立中共巩县米河镇委员会。

1992 年，成立中共巩义市米河镇委员会。

1992—2011 年，相继召开了中国共产党巩义市米河镇第一、第二、第三、第四、第五次党代会。

2011 年起，镇党委由三年一届改为五年一届，每年召开党代会。

2016 年 5 月，召开中国共产党米河镇第六次代表大会。

2019 年，米河镇党委下辖党总支 18 个，党支部 61 个，党员数 2262 人。

巩义市米河镇人民代表大会

米河区第一次人民代表大会于 1959 年举行，至 1996 年，先后召开公社、乡、镇人民代表大会 11 届，1999 年改为米河镇第四届人民代表大会（以 1990 年建镇为第一届）。2019 年，辖区有人大代表 82 人，其中巩义市级人大代表 16 人，郑州市级人大代表 2 人，镇级人大代表 71 人。主席团成员 14 人，人大主席 1 人，副主席 1 人，代表小组 5 个。

巩义市米河镇人民政府

1948 年 5 月，荥汜广人民政府在米河成立。同日，荥汜广第一区政府建立，辖米河、新中、小关、刘河、崔庙、竹川、高山等地区。

1948 年 10 月，郑州解放，荥汜广县、区政府撤销，米河、新中、小关地区归属巩县，成立巩县米河区人民政府。

1952 年，米河为巩县第十区，辖 12 个乡。

1955 年底，撤区并乡，建立中心乡，米河成立米河中心乡、铁山中心乡。

1956 年 12 月，巩县实施乡级整编，米河乡属小关区。

1958 年 8 月，成立新中人民公社，辖米河。

1961 年，米河成立米河人民公社、小里河人民公社，属郑州市上街区管辖。

1964 年，米河人民公社、小里河人民公社，属开封地区巩县管辖。

1965 年 2 月，米河和小里河人民公社合并成立米河人民公社。

1968 年 1 月，米河人民公社革命委员会成立。

1981 年 5 月，米河人民公社第六届人民代表大会召开，选举产生米河人民公社管理委员会。

1983 年，人民公社体制改革，实行党政分设，成立米河乡人民政府。

1990 年，撤乡建镇，成立巩县米河镇人民政府。

1992 年，改为巩义市米河镇人民政府至今。

2019 年，米河镇下辖草店村、赵岭村、小里河村、铁山村、支石村、汇龙村、刘源沟村、高庙村、两河口村、东竹园村、半个店村、米北村、米南村、双楼村、菜园村、苇园村、魏寨村、明月村、水头村共 19 个行政村。

群团组织

工　会　中华人民共和国成立初期，米河乡相继成立了教育工会、卫生院工会、供销社工会、粮管所工会等 8 个工会，会员占职工总数的 90% 以上。2011 年，工会组织覆盖面进一步扩大，推进工会制度化、标准化和规范化建设。2019 年，镇工会辖村级工会 19 个、企业工会 13 个、职工之家 6 个，会员 4100 多人。

共青团米河镇委员会 1949 年 4 月，米河区成立新民主主义青年团。1957 年，改称为米河共产主义青年团（简称“共青团”）。1958 年 8 月新中人民公社成立，建立新中人民公社团委会。1965 年 5 月，米河和小里河人民公社合并后，成立米河人民公社团委会。1973 年团组织经过整改后，成立米河人民公社新团委，并于 1973 年 4 月召开第一次团代会。2019 年，全镇有共青团员 590 人，共青团米河镇委员会辖村级团支部 19 个、非公企业团支部 1 个。

妇　联 1949 年 12 月，米河区妇女联合会成立。1956 年 8 月，改称为妇女联合委员会（简称“区妇联”）。米河镇妇联在巩义市妇联、镇党委的领导与支持下，紧紧围绕改革、发展、稳定的大局，以党的方针政策为指导，团结动员全镇广大妇女积极参加各项活动，为全镇的经济和社会各项事业的发展做出了不懈的努力，充分发挥了妇女半边天的作用。2019 年，全镇有村级妇联组织 19 个。

荣誉称号

米河镇历年获得荣誉统计表

序号	时间 / 年	荣誉称号	颁奖单位
1	1994	中州名镇	河南省建设厅
2	1999	全国小城镇建设示范镇	国家建设部
3	2003	河南省百强乡镇第四名	河南省农村社会经济调查队
4	2004	全国重点镇	国家建设部等六部委
5	2005	小城镇建设一类镇	郑州市村镇建设工作委员会
6	2006	国家卫生镇	全国爱国卫生运动委员会
7	2007	河南省精神文明创建工作先进村镇	中共河南省委、河南省人民政府
8	2007	郑州市小城镇建设优秀镇	郑州市村镇建设工作委员会
9	2007	郑州市先进团委	郑州市人事局 共青团郑州市委
10	2008	河南省 2008 年度经济社会发展百强乡镇	河南省统计局 河南省地方经济社会调查队
11	2008	郑州市国土绿化模范乡镇	郑州市人民政府
12	2008	国家卫生镇	全国爱国卫生运动委员会
13	2008	郑州市先进基层党校	中共郑州市委宣传部

续表

序号	时间/年	荣誉称号	颁奖单位
14	2008	河南省园林镇	河南省住房和城乡建设厅
15	2009	河南省民间文化艺术之乡	河南省文化厅
16	2009	工程项目带动村镇规划实施试点镇	国家住房和城乡建设部
17	2019	郑州市村镇建设先进单位	郑州市城乡建设局
18	2019	99公益日互联网筹资工作爱心单位	河南省红十字基金会
19	2019	省会郑州创建国家卫生城市工作集体三等功	中共郑州市委员会、郑州市人民政府
20	2019	郑州市小城镇建设先进单位	郑州市村镇建设工作委员会

所获荣誉

镇域经济

农 业

种植业

米河地处丘陵山区，中华人民共和国成立前，农业生产基本靠天吃饭，农作物每亩地年产量一般在150~250斤，仅沿河滩地有一些水车井能够浇灌，产量略高。多数农民靠打长工、短工、租地种谋生，生活困苦。中华人民共和国成立后，经过土地改革，粮食产量稳步提高。1958年后，人民公社成立，以生产队为单位组织农业生产，实行工分制，按劳分配，多劳多得。这一时期，实施“农业八字宪法”，推行科学种田，平整土地，治河垫地，建设大寨田，兴修提灌站、蓄水池，改善了农业设施，种植效益得到提高。党的十一届三中全会后，实行家庭联产承包责任制，农民种田的积极性被极大地调动起来，粮食亩产达到500~700斤，最高达到1000斤以上，温饱问题基本得到解决。进入21世纪，国家实行免征农业税、种地补贴等政策，减轻了农民负担。米河镇党委、政府采取以工补农的方式，加大投入力度，实施旱作农业、节水灌溉、种子工程，推广新农机具，完善基础设施，大力发展特色农业、观光农业，实现了农业增效，农民增收。

小麦种植 邵保华 摄

麦收　赵启明　摄

林果业

林果业是农业产业结构的重要组成部分，也是实现生态效益和经济效益并重的产业。米河镇从 20 世纪 60 年代开始就重视发展特色林果业，截至 2019 年底，全镇共种植特色林果面积 3260 亩。其中，双楼村种植苹果、梨、李子 70 亩；小里河村凤凰岭生态园种植葡萄 50 亩；两河口村种植牡丹、苹果、梨 380 亩；赵岭村种植西梅 600 亩；水头村种植元宝枫 360 亩；米南村种植元宝枫、榛子 400 亩；水头村种植葡萄 20 亩；东竹园村种植银杏 70 亩；铁山种植核桃 800 亩；双楼和两河口各种植核桃 80 亩；魏寨村种植苹果 50 亩；明月村种植各种果树 300 亩。

凤凰岭葡萄种植基地　邵保华　摄

米河镇苹果、油牡丹套种　刘成武　摄

凤凰岭葡萄种植　刘成武　摄

米南村榛子种植　张洲雷　摄

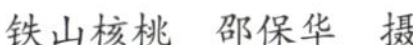

铁山核桃　邵保华　摄

东竹园草莓种植　邵保华　摄

畜牧业

中华人民共和国成立前，农民无力饲养牛、马等大牲畜，猪、羊、鸡的饲养量也很少。中华人民共和国成立后，党和政府重视畜牧业的发展，公社成立畜牧站、兽医站、配种站，制定奖励政策，鼓励集体饲养繁殖牛、马等大牲畜，农户养殖猪、羊、鸡。20世纪60—80年代初期，每个生产队都有大牲畜养殖，农忙耕地，农闲拉马车搞运输。不少生产队办起了养猪场，农户养猪、养羊、养鸡逐步普及，但量少不成规模，仅能补贴家用。改革开放后，大牲畜的养殖逐步萎缩，家畜家禽的饲养扩大，养殖结构明显变化。

米河镇畜牧业之一　曹森　摄

米河镇畜牧业之二　王向阳　摄

米河镇畜牧业之三 邵保华 摄

1990 年后，养殖业开始向规模化、专业化转变。政府加强技术培训、良种引进推广、贷款补贴、畜禽防疫等工作，引导建立专业协会和合作组织，促进养殖业产业化经营。截至 2019 年底，全镇有年出栏 2000 头养猪场 2 个，年出栏 500 头养猪场 2 个，年存栏 2000 只鸡场 18 个。

工 业

中华人民共和国成立前，仅有一些与农业生产、居民生活相关的手工业和小作坊。中华人民共和国成立初期，一些手工业者走上合作发展的道路，成立了木业社、铁业社。20 世纪 60 年代末 70 年代初，米河依托境内资源，建起了社办、村办企业，主要生产水泥、耐火材料、机制砖。改革开放后，在党的政策指引下，乡办、村办、组办、联办、个体企业快速发展。1978 年，全乡企业 126 家，企业总产值 709.3 万元。1988 年，企业总数增加到 2067 家，总产值达到 13807 万元，工业经济呈现出全面发展的好态势。这一时期，米河工业经济处于自主发展时期，投资少，规模小，产品简单，主要有红砖、小耐火、小水泥、石料、机械等产品。较大的企业有巩县第一水泥厂、巩县石墨电极厂、米河机械厂、巩县木工机械厂等。

巩县木工机械厂老照片 米河镇人民政府 供图

进入 20 世纪 90 年代，米河镇全面实施“兴工强镇”战略，工业经济进入快速发展时期。在此后的 20 年间，通过横向联合、外引内联，新上、扩建、改建了一批企业，形成了铝及铝加工、建材、碳素、耐材、铝酸钙粉、装备制造等优势产业，拥有鑫旺集团、金驹集团、锦龙新材料公司、仲发公司、福昌铝业、都峰铝业、新秀耐材、东泰炉料、威科耐材、瑞丰水泥、东升公司、隆迪重工、荣鑫机械、曙光泵业等 46 家规模以上企业。

水泥行业

水泥产业曾在米河经济发展中占有重要地位。1966 年，巩县第一水泥厂在米河动工建设。20 世纪 70 年代中期到 80 年代中期，一些村办起了小水泥厂，到 1985 年，米河水泥厂达到 30 家，年产普通水泥 16 万吨，白水泥 1.4 万吨。1986 年，米河乡党委、政府利用优势上项目，依托乡水泥厂，异地建设新的水泥厂。1987 年 5 月，年产 8.8 万吨的联营水泥厂一次试车成功，由此拉开小水泥企业改造升级的序幕。截至 1994 年底，全镇水泥

20 世纪 90 年代米河镇水泥生产企业——黄河水泥厂　米河镇人民政府　供图

工业企业总数达到 58 家，其中，年生产能力在 10 万吨以上的水泥生产厂家 7 家，产品有 10 大类、数十种规格，部优产品 2 个、省优产品 26 个，产品远销全国各地及东南亚。安排就业人员 6000 余人，占全镇从业人数的 60%。1997 年全镇水泥产量达到 320 万吨，全年水泥销售总额 7 亿元。进入 21 世纪，由于国家产业政策调整和环保力度的加大，米河的水泥企业相继关停。

铝及铝加工业

1993 年，河南长城鑫旺铝业有限公司（鑫旺铝厂）动工建设。1994 年 9 月 30 日，投资 1.17 亿元的铝厂建成投产。1997 年 3 月 8 日，铝厂二线工程动工，12 月 28 日，投资 3

鑫旺集团铝厂之一　米河镇人民政府　供图

鑫旺集团铝厂之二 米河镇人民政府 供图

金驹彩铝生产车间之一 邵保华 摄

金驹彩铝生产车间之二 邵保华 摄

亿元年产5万吨铝锭生产线投产，实现当年建厂、当年见效。进入21世纪，米河加快经济转型升级步伐，福昌铝业、金驹彩铝、锦隆实业、仲发铝业、都峰铝业等一批新型铝加工企业发展壮大，形成年产铝锭6万吨，铝板带箔57万吨的生产能力。

碳素行业

碳素行业在米河起步较早。1985年10月，巩县石墨电极厂在米河乡小里河村开工建设，1987年1月15日投产，当年完成产值1350万元，成为当时米河的领军企业。1997年，与鑫旺铝厂配套的3万吨预焙阳极生产线建成投产。进入21世纪，在水泥企业相继停产后，部分企业转产碳素。截至2015年底，全镇碳素生产企业总数17家，年生产能力75万吨，主要企业有萨辛公司、新鑫碳素、荣鑫碳素、金驹碳素、鑫龙碳素、丰鑫碳素、鑫达碳素、天利碳素、长虹碳素、利达碳素、启兴碳素、天羽博丰、锦隆碳素、鑫旺电碳等。

新鑫碳素生产车间 邵保华 摄

河南省米净瑞发净化设备有限公司　王向东　摄

巩义市帝奥耐火材料有限公司产品　张耀宗　摄

商 业

米河为巩东古镇，因集而兴。明嘉靖十九年（1540 年），小里河祖师庙建成，为满足往来香客饮食、进香之需，小里河定每月十五日集。清道光年间，小里河集迁址米河，每月逢三、七集。由于区位优越、物资丰富、人流量大、管理规范，米河集逐步兴起，成为巩义东部、辐射周边较大的集贸市场。1934 年，成立商务会，管理米河集市。1950 年，成立工商联合会，负责市场管理，促进公平交易，并组织发起了小满、七月三十、十月十物资交流会，为农忙服务。之后近 30 年间，商贸经营以米河供销社为主，米河集物资交流会持续不断。改革开放后，市场经济兴起，农民参与商业活动增多。1990 年后，随着城镇化步伐加快，商贸物流业日趋兴盛，镇区商业门店明显增加，小里河集、草店集和一些村的古庙会逐渐恢复。米河镇适时提出“商贸兴镇”发展战略，兴建商业街、服装街、餐饮街、菜市场、时代广场等一批商业设施，加大公共基础设施建设力度，加快商业住宅建设步伐，加快人口集中，为商贸业发展提供有力支撑。截至 2019 年底，全镇形成了以 3 个集贸市场为平台，以镇区 700 余户商业门店、4 家超市为支撑，门类齐全的商贸服务体系，米河成为巩义市东部的商贸重镇。

2006 年米河镇集贸市场 米河镇人民政府 供图

米河新商业街　王向阳　摄

米河街道　王向阳　摄

集场贸易

小里河集 历史上为巩县五大集市之一、巩县东部唯一的集市。明嘉靖时，小里河集占地约 3.3 公顷，主要商业街道有翠花街、宋家园、贺家园等。每逢集日，南至登封，北至汜水县，西至巩县城，东至荥阳，方圆六七十里，来小里河赶集的客商颇多。清道光年间，小里河集迁址米河（今米河镇米北、米南村）。2001 年后，小里河集复兴。每月公历逢五日为集市日，沿中心路、文化东路、滨河大道形成“工”字形市场，前来经商赶集的人络绎不绝，促进了小里河第三产业的发展。

米河集 又称米河老集，集址在米河镇米北村、米南村。米河集兴于清道光年间。当时米河集开有粮行、棉花行、药铺、杂货铺、放账铺、银匠铺、剃头铺、裁缝铺、肉铺、染坊、油坊、粉坊等。有名气的粮行有马坡粮行、永聚粮行、广聚粮行等。商号比较有名气的是柏茂元、柏茂桓、柏茂仁等。棉花行有 10 多家，日吞吐棉花每家达千斤以上，逢集期，各地运进棉花可达万斤以上。米河集分大集与小集，大集每月 6 个，公历逢三、七集；小集每月 9 个，农历逢一、五、九集。逢集日，来自四面八方的小商小贩云集于此。

2007 年小里河集　米河镇人民政府　供图

兴集近 200 年来，由于米河处于巩县和登封、密县、荥阳交界之地，四通八达，米河集一直是米河乃至巩县东部地区有名的集贸市场。米河集从兴集起就有严格的管理组织和制度。1934 年，米河集就有商务会，设有会长、会计、会员。商委会负责处理集市日常工作，协调商户利益，规范商业活动，解决矛盾纠纷，检查街道卫生，对固定商户收缴管理费用等。1950 年，建立工商联合会，负责市场日常管理工作，组织物资交流会，市场管理更加规范。

草店集 起源于康熙年间每年农历二月二、三月十五的草店龙王庙会，兴起于清乾隆年间，集市东起东岭山脚下，西到村西河沟东，全长 500 多米，街道南北宽 10 米，街道两旁各设店铺共有 20 余家。主要经营粮食、纺织品、水果、蔬菜、日用百货、山货杂品等。集市每十天一次，即农历每月的逢八日。至清朝末年，由于社会动荡，集市渐渐萧条荒废。2001 年，草店集市恢复。新址位于草店村主干道上，街道宽 12 米，街道两旁店铺林立，每月逢公历六日为集市日。

旅游业

党的十八大以来，米河镇为大力发展生态旅游业，于2016年、2017年引进了河南正商集团、融创嘉和公司、民安集团，推动文化旅游、休闲度假、运动康养等产业发展，建设宜居、宜业、宜游生态新米河。

正商十里香山

正商十里香山是依托米河镇交通区位优势，借力郑州都市区建设发展，由巩义市政府引入、河南正商集团开发建设的项目。项目于2016年5月、2017年5月分两次签订正式协议，选址米河镇东北部，规划总用地面积23535亩，其中建设用地13137亩，流转农用地10398亩，涉及赵岭、草店、汇龙、刘源沟、东竹园、半个店、米北、双楼8个村，计划总投资400亿元。项目致力于打造郑州市民休闲度假“后花园”，形成以绿色观光、

正商十里香山之一 邵保华 摄

山居体验为核心，以健康、运动、养生、度假为特色，集旅游、观光、疗养、休闲、餐饮、文化、娱乐为一体的山地生态观光度假园区。截至 2019 年底，项目完成投资 46.87 亿元，完成赵岭、草店、刘源沟整村及半个店、米北部分搬迁，相关建设有序推进。

嘉和观澜温泉度假区

嘉和观澜温泉度假区是依托米河镇西北部自然资源和交通区位优势，由巩义市政府引入、河南嘉和国际能源投资有限公司开发建设的项目。项目于 2017 年 7 月签订正式协议，选址米河镇西北部，总面积 11495 亩，其中建设用地 5943 亩，流转农用地 5552 亩，涉及小里河、铁山、支石 3 个村，计划总投资 100 亿元。项目将以“旅游+”“生态+”的理念，推进轻旅度假与传统农业、宜居康养、教育文化等产业的深度融合，全力打造宜居宜业的生态休闲旅游度假示范区。截至 2019 年底，完成投资 15.1 亿元，小里河村片区已完成搬迁，出让建设用地 880 亩。

民安明月旅游度假区

民安明月旅游度假区是实施精准扶贫，促进巩义南部山区“旅游度假”产业发展，由巩义市政府引入、河南民安房地产开发有限公司开发建设的项目。该项目于 2016 年 9 月签订正式协议，选址米河镇南部，涉及明月村、魏寨村，总用地面积 6084 亩，其中建设开发用地 584 亩，流转农用地 5500 亩，计划总投资 30 亿元。项目以生态农业和明月寺禅宗文化“双核”驱动，以自然生态环境为依托，以明月湖、酒店、民宿、古树、温泉为特色，以生态农业、旅游开发、自持管理运营的商业街区为产业支撑，打造以文化禅意养生为主题、现代智慧服务型物业社区的度假小镇。截至 2019 年底，完成投资 3.97 亿元，出让建设用地 580 亩，建成示范石居民宿和 2 座塘坝库区，农业示范区的种养殖基地初具规模。

搠刀泉风景区

搠刀泉风景区位于民安明月旅游度假区，东南与荥阳市庙子乡环翠峪风景名胜区接壤，西临新中镇浮戏山雪花洞风景名胜区，距米河镇区 10 千米。景区面积 4.8 平方千米，平

正商十里香山之二　邵保华　摄

建设中的嘉和观澜温泉度假区　刘成武　摄

民安明月旅游度假区之一　王向阳　摄

民安明月旅游度假区之二　王向阳　摄

民安明月旅游度假区之三　邵保华　摄

民安明月旅游度假区之四　邵保华　摄

捌刀泉风景区　马健　摄

均海拔 450 米，最高处卧龙台海拔 683.4 米。景区处于暖温带大陆性季风气候区，四季分明，年降雨量 600 毫米，温和湿润。

景区植被繁茂，森林覆盖率高达 98%，古树名木繁多，林木以栎树为主，夹杂黄栌、柏树、皂角树、杨树、槐树、榆树、楸树、柿树、杏树和核桃树等。有国家二级保护树种流苏树，千年以上橿树 3 棵，500 年以上树木近百棵。中草药 100 多种。野生动物有松鼠、野兔、山鸡、狐狸、獾等。景区内有搠刀泉、窟窿泉、明月湖、明月寺、卧龙台寨、豫西特色石屋群落、八路军指挥部、后方医院遗址等景点。

千年古橿树　王向东　摄

文物胜迹

遗 址

米北遗址

米北遗址位于巩义市米河镇米北村北岭。面积约 8.6 万平方米，保存基本完好。发现的文化层厚 1.5~2 米，最厚处达 3 米，包括仰韶、龙山、二里头、周、汉等不同时期文化遗存，文化内涵丰富。发现房基 1 座，成人墓 1 座，小儿瓮棺葬 1 座，窖穴 3 个。遗物有陶器、石器、骨器、烧土块等。房基用草拌泥砌成，墙内有密集的柱洞，墙壁和地面经过大火烘烤，相当坚硬。该遗址主要为仰韶文化遗存，可分为三期，其中一、二期相当于仰韶早中期遗存，三期相当于仰韶向龙山过渡期遗存。米北遗址地处豫西地区的腹心地带，新石器时代各时期的代表性遗物都有所发现，遗址的连续性和阶段性变化非常明显，是豫西地区仰韶文化的又一处典型遗址。1987 年 3 月 1 日，郑州市人民政府将其列为郑州市级文物保护单位。2008 年 6 月 16 日，河南省人民政府将其列为第五批河南省重点文物保护单位。

米北遗址 张洲雷 摄

苇园窑址

苇园窑址位于巩义市区东南 30 千米的米河镇苇园村。主要分布于苇园河（庙路河）两岸，南北长约 1000 米，东西宽约 300 米，东至东苇园山脚，西至西苇园山根，南至苇园水库，北至茶店河沿，总面积约 30 万平方米。在沿河两岸的崖壁上，暴露出文化堆积层，厚约 1 米。内含有各种类型的瓷片、瓷土、支烧、范模等。采集标本有盆、碗、钵、罐、缸和三叉形、饼形、桶形支烧。以酱釉、青釉、白釉居多，还有少量黄釉。苇园窑址创烧于曹魏时期，繁荣于隋唐，宋元后逐渐衰落，是目前发现的时代较早、规模较大、烧造工艺水平较高、延续时间较长的一处民间瓷窑遗址，有较高的历史、科学和文化艺术价值，为研究中国陶瓷发展史提供了实物资料。1987 年 3 月 1 日，郑州市人民政府将其列为郑州市文物保护单位。2006 年 6 月 8 日，河南省人民政府将其列为第四批河南省重点文物保护单位。

苇园窑址 张洲雷 摄

古建筑

古建筑是历史的印证，是一个时代的缩影。米河现存有始建于唐代的高庙村福昌寺，明代的明月村明月寺，清代的草店村龙王庙、赵家祠堂，清末民初建筑“程家大院”，位于米河老集两侧的古民居院落，位于南部山区捌刀泉村的靠山石窑洞建筑群等。

程家大院

程家大院位于米河镇双楼村西北程家寨，建于清末民初，为春秋时贤士程本后裔居住。该大院坐西向东，现存主宅区5个院落，均为二进式院，窑洞10孔，楼房近70间，占地约3600平方米。附近还有程本隐居之处石臼泉和程氏祠堂等遗存。程家大院规模宏大，是一处具有中原民居特色的清代晚期古建筑群。2008年6月16日，河南省人民政府将其列为第五批河南省重点文物保护单位。

程家大院之一　邵保华　摄

程家大院之二　王向阳　摄

程家大院之三　邵保华　摄

福昌寺

福昌寺位于巩义市米河镇高庙村，坐北向南，面积4500平方米。原有天王殿、伽蓝殿、祖师殿等。据记载，该寺创建于唐，宋元丰三年（1080年）、明正统六年（1441年）重修。现存山门、前佛殿、后佛殿、地藏殿、伽蓝殿、观音殿、藏经楼、东西厢房、厨舍禅房等51间，除前后殿为歇山筒瓦顶外，其他均为硬山灰瓦建筑。另有明、清碑碣10余块，记载了福昌寺的历史。该寺院规模宏大，建筑完好，保留有唐代石刻及宋代建筑构件，具有较高的历史、文化、艺术价值。2008年6月16日，河南省人民政府公布为第五批河南省重点文物保护单位。

福昌寺　王向阳　摄

巩义博物馆藏福昌寺唐代造像碑 王向阳 摄

爱国主义教育基地

余明礼烈士旧居

余明礼烈士旧居位于巩义市米河镇水头村委南 1500 米大路坡。余明礼，又名余科，1891 年生，1938 年参加革命，牺牲于 1945 年 8 月 14 日，时年 54 岁。余明礼是米河镇第一位共产党员，生前曾任荥阳、巩县、汜水、密县、登封五县农会主席，巩县联救会副主任和巩县抗日第一区农会副主席等职。余明礼烈士旧居是余明礼烈士生前生活的地方，原有三孔窑洞，现存一孔石券窑洞。1944 年，豫西抗日先遣支队曾进驻大路坡余家，开展抗日工作，皮定均、卢曙天、范惠等曾在此生活。余明礼烈士墓位于余明礼烈士旧居东侧，地面现存墓冢，呈椭圆形，直径 2~3 米，高 1 米，坐南朝北，靠崖而建。墓冢前立有墓碑，是米河镇水头村村委会于2009年清明节为余明礼烈士敬立。自20世纪60年代开始，这里一直是当地及周边地区群众、学校学生瞻仰烈士，进行革命教育的地方。2009年6月，被公布为第二批郑州市级文物保护单位。

水头村革命烈士陵园

水头村革命烈士陵园位于水头村7组，占地267平方米，中央矗立“革命烈士纪念碑”，西、南、北三面以石墙合围，于2009年春建成并对外开放。

水头村英烈人物：

土地革命时期楚占彪，1937年1月参加中国工农红军，转战陕甘等地，参加平型关、辽沈、平津等战役，由一个战士成长为功勋团长。

抗战时期余明礼，1938年加入中国共产党，积极从事抗日救亡工作。1944年，豫西抗日先遣支队入巩，在余明礼的带动下，全村60多人参加八路军。余明礼、马水、张四毛、李汉林、张信有、张应忠6位同志为抗战的胜利壮烈牺牲。

解放战争时期，1945年9月全村有15人跟随豫西抗日先遣支队南下参加中原突围战役，王贵升、张新治、赵金有3位同志壮烈牺牲。

1950年冬抗美援朝战争中，全村有7人参加中国人民志愿军赴朝作战，张红恩烈士血染异国疆场。

水头村革命烈士陵园　王向阳　摄

在社会主义建设时期，计有200多名适龄青年应征入伍，分别参加了对印自卫反击战、援越抗美和国防建设。1977年，苌应国为国防现代化建设献出了宝贵的生命。

陵园于2009年清明节被定为巩义市爱国主义教育基地。

刘源沟村革命烈士陵园

刘源沟村革命烈士陵园位于米河镇刘源沟村，建于2009年。2009年9月中华人民共和国成立60周年之际，刘源沟村党支部为纪念抗日战争时期为革命牺牲的程铁创、程宝成父子，辟地268平方米，倡导米河镇群众捐资10万元，重修烈士墓，新建7.1米高纪念碑亭一座，寓意建党节日和烈士生日，以告慰先烈在天之灵。陵园于2009年清明节被定为巩义市爱国主义教育基地。

刘源沟村革命烈士陵园 雷宇 摄

特色文化

LOCAL RECORDS OF MIHE

非物质文化遗产

石臼泉的传说

作者：程军峰

石臼泉位于米河镇双楼村，是春秋时期哲学家程本隐居处遗迹。程本是晋国人、程婴嫡孙，孔子的知交，因不愿做官，拒绝赵王的邀请便回到双楼石臼泉老家聚众讲学。史书记载孔子与程子华相遇，两人一见如故，便倾盖而顾，相语终日，二人从“河图”“洛书”到“伏羲八卦”“太极”整整谈了一天。孔子受益匪浅，临别时孔子不仅赠送了礼品还无限感慨地说程子华天下贤士也。而后程子华的弟子们，子又有子，子又有孙，子子孙孙都传承发展繁荣着子华子的学说，儒、佛、道三教归一，在洛汭时时有创新，有发现，有前进，创造出不少辉煌。

搠刀泉的传说

作者：张　帅

相传西汉末年，乱臣王莽篡位，杀了汉平帝，汉平帝的皇后是王莽的女儿，生下一子刘秀。王莽为斩草除根，非杀掉刘秀不可。在危急时刻，一个忠臣巧使掉包计，将刘秀救出。那时，刘秀已是十几岁的小伙子，他隐姓埋名，受尽风霜饥寒，求贤访才，招兵买马，积蓄力量，准备起兵讨伐王莽。

搠刀泉风景区 马健 摄

后来白河滩一役，初战不利，刘秀的人马被打散，刘秀率残余部队向伏牛山逃亡，王莽带兵在后面紧紧追赶。刘秀人马进入巩县境内，这时王莽的追兵已至，刘秀不敢走大道，便直奔山路而去。一行人沿着浮戏山向西，当时正值盛夏，赤日炎炎似火烧，又加上久旱不雨，刘秀又饥又渴。后来实在走不动了，瘫倒在一块平坦的石壁上。刘秀热得直喘粗气，战马也跑不动了，热得往下倒。刘秀心想，莫非今天我要死在这里？想想自己大业未立，大仇未报，壮志未酬，不胜感慨，越想越气，拔出战刀，狠命往石壁上戳去，大吼一声："天若助我，水来！"话音未落，只见战刀戳的地方有水渗出，刘秀大喜，猛地拔出战刀，一股清泉喷涌而出。刘秀顾不得面子，伏地就喝，只觉得入口清凉，甘甜无比，一直喝了个饱，顿时神清气爽，有了力气，便又叫手下人都喝了泉水，还饮了战马。军队恢复了元气，顺利地摆脱了追兵，逃回了根据地南阳，休养生息。后来一举消灭王莽，在洛阳登基称帝，建立了东汉政权。刘秀称帝后，这个故事便流传开来，老百姓纷纷来看，只见泉水流淌在石壁之上，源源不断，久旱不干，很是神奇，认为这是天赐神泉。因是刘秀刀戳而成，便称之为"捌刀泉"。

风土民情

LOCAL RECORDS OF MIHE

生活习俗

米河自古以来就是商贸集镇中心，四面八方的商贾云集于此，各地风俗习惯相互渗透，文化源远流长，形成了极具特色的风土民情。

婚　俗

婚姻是男女一生的大事，中华人民共和国成立前，受封建礼教的束缚，男婚女嫁由父母之命媒妁之言来决定。讲究门当户对，男女不得自由相爱。女的多在十六七岁出嫁，男的多在十八九或二十出头结婚。那时的结婚程序如下：

订　婚　经媒人说合后，由男方之父（无父则兄）主婚发启，由媒人送到女方，女方再写一份，媒人和女方代表数人同往男家，即算订婚。

看好儿　男女达到婚龄，男方家找阴阳先生根据男女属相生辰，选择黄道吉日，尔后把时间告知亲家，双方提前备办菜肴什物。

送好儿　男方向女方送去结婚的具体日期，有隔月不送好儿的说法。

送桌、娶嫁妆　头天下午，男方备办桌头“四干（四种干菜）”“四湿（四种湿菜）”，派人送往女方家中，返回时带回女方陪送的嫁妆及娘家人来装抽屉，走时带走钥匙。

娶　亲　男方有娶家二人（一男一女，需属相相配），带领迎亲队伍到女方家。女方拜别父母，吹吹打打返回男方家。由两位属相配的已婚女子（俗称掺媳妇的）搀扶，至天爷龛前，双双跪地拜天地、拜高堂、对拜、交换礼物（一般是手帕）后入洞房，由搀者梳发盘头（把发绾起来，以示结婚）。

闹洞房（俗称吃四盘菜）当天傍晚乡邻赶来，家人备小菜四盘（热凉各二），筷子两双，放在桌上，小两口对坐桌旁。晚辈人及远房兄弟近前，引逗新婚夫妇哄笑。闹至深夜，众人夺得喜糖，欢尽方散。

1950年，国家颁布新婚姻法，提倡婚姻自由，父母不准包办，亦不受繁杂的礼教束缚。实行男女平等，一夫一妻，自由恋爱。只要男情女愿，到法定年龄青年男女即可持村里介绍信到政府登记，领取结婚证书。1966—1976年，“破四旧，树新风”，反对婚事大操大办，取消了许多繁杂的传统礼仪。

20世纪90年代以来，人们思想进一步解放，婚俗改变较大。大致程序有：

提 亲 当代自由恋爱是婚姻的主体，但仍有牵线搭桥者，或象征性的媒人（即介绍人）从中说合。

相 亲 分偷相和明相，偷相是佯装不知，偷偷相看对方。明相双方需互赠礼品。如相不中则拒接礼物。自由恋爱的相亲大多数走个过程而已。

定 亲 双方都同意后，各向父母汇报，双方无异议算定住了。后来多由男方父母请双方一起吃饭，并请女方近亲到场见证。

登 记 到民政局领结婚证。

看好儿 男方请人测算日子，写好婚书，于婚期农历当月送达女方。

婚 礼 结婚日新娘穿婚纱，新郎穿西装，请专业的礼仪公司布置婚礼现场，有专业的司仪主持，有的还请有证婚人。在男娶女送的风俗方面，如送桌、送嫁妆等多有保留，闹洞房的习俗已消失。

生育习俗

报 喜 妇女生下孩子，不论男女，男方都要到女方家里去报喜，送面条，女家将面条分给紧门，告知做满月（吃喜面）的日子。男方返家时捎上回礼——麦子。生完孩子前半月，姥姥家瞧闺女和孩子，要带红糖、小米等礼物。

做满月 小孩满月要吃喜面，大待客，除了小孩姥姥家的人以外，还要宴请亲朋乡邻，称作吃喜面。席面有八碗四、十三花、二八场、三八场不等，但每位客人必须吃点面条。做满月上礼，姥姥家要送豆芽、几身小孩衣服、一提斗米和一提斗面；乡邻送二、三尺布。

岁时节俗

春 节

春节俗称过年，是人们最重视的节日。过春节从农历腊月二十三日开始准备，二十三日晚饭后祭祀灶君，曰“送灶”；二十四日开始除尘换新，大搞清洁卫生；二十七日理发、杀柏枝（砍伐柏树枝），谚曰“二十七剃精细”“二十七杀柏枝”；二十八日贴对联，谚曰“二十八贴嘎嘎”；二十九日为众神香炉装上新沙土，谚曰“二十九装香炉”；且这一

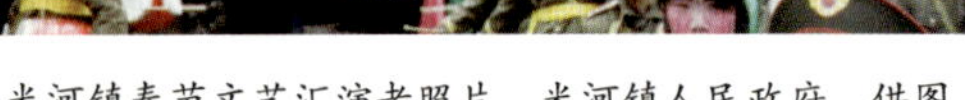

米河镇春节文艺汇演老照片　米河镇人民政府　供图

2008 年米河镇春节文艺汇演　张建军　摄

日不能剃头，谚曰“二十九剃没求”（意为不靠谱的人）；三十日又称大年三十，下午祭祀祖先，妇女要在家炸“油货”，谚曰“三十裼（即下午）炸‘油货’”；除夕之夜，放爆竹，烧香敬神直至午夜，俗称“熬年”。大年初一凌晨四五点钟，家家鞭炮齐鸣，燃烧柏枝烟火冲天。早餐食水饺。餐毕，小孩身着新装挨门逐户“要核桃”（即讨要糖果、花生等），少者给长辈拜年。从初一到初五，每天早晚烧一遍香，期间店铺关门，人们走亲访友。乡民自发组织，开始进行各种娱乐活动，玩狮子、撑旱船、踩高跷、扮故事等，儿童则撞钟、掷弹子、响炮、荡秋千等，直至正月十九。

元宵节

元宵节，指每年的正月十五日，米河人通常过正月十五、十六两日。元宵节也称灯节，晚上吃汤圆。正月十六日，俗称小年，同时每家提前用面食打甜糕，蒸成“麦谷堆”“麦布袋”“刺猬”，预期当年丰收和快乐。

正月十九

正月十九这天米河人会把春节期间供神的供品吃掉，晚饭喝用米面（即把小米磨成面）做成的汤，当地人称“打茶”。至此，民间文艺娱乐活动终止，新春佳节方告结束。

2010 年春节文艺汇演 邵保华 摄

2018 年春节文艺汇演 赵启明 摄

2019 年春节文艺汇演　米河镇人民政府　供图

二月初二

二月初二俗称“龙抬头”，家家炒豆、爆玉米花。据说吃了这些，这一年免受蝎子等毒虫之害。农事上大地回春，万物复苏，人们将投入春播生产。

清明节

清明节又称寒食节，人们上坟扫墓，挂“纸旗”，也叫添墓。米河地区有 “早清明”之说，即清明节上坟要赶在节前。逢清明节，机关、学校等到烈士陵园扫墓，敬献花圈，缅怀先烈。

端午节

端午节（农历五月初五）人们为了驱邪除病，在这一天的日出前，一者采集艾、黄蒿做药材备用，二者用香草给孩子做彩色香布袋令其佩戴，给幼儿缝制画或绣有“五毒”（蝎子、蜈蚣、蟾蜍、蛇、壁虎）的花肚兜，手腕、脚踝及颈部套上五色线。五月五日前后，出嫁的闺女回娘家（俗称走娘家），母亲看望闺女、女婿，俗称“望夏”。

中秋节

中秋节（农历八月十五）这一天晚间家人团聚，摆上月饼、水果、焚香顶礼，称“拜月奶奶”，而后分食供品。旧时这个节日，母亲通常要瞧看出嫁的闺女。

重阳节

重阳节（农历九月初九）亦是“老人节”，这天民间有登高、赏菊花习俗。米河尊老、敬老的氛围浓厚。2007—2011 年，米河镇每年重阳节向全镇 70 岁以上老人发慰问信、慰问品；2012—2019 年，每年为 70 岁以上老人代缴一定数量的居民医疗保险。这一天，子女回家看望老人，给老人添越冬衣帽，改善生活。各村以敬老为主题开展各种活动。

冬 至

冬至是进入严冬的节令。这一天当地人早上均吃饺子。传说吃饺子可以保护耳朵，免受冻害。

小里河村重阳节饺子宴　张洲雷　摄

腊　八

人们在腊八（农历十二月初八）早上要喝“腊八粥”，即用小米掺红薯、大枣、柿饼、白豆等熬成的粥，以示吉祥如意。

方言土语

方　言

巩义方言属北方方言，米河方言是巩义方言中的一个次方言。米河话与普通话相比，多儿化音，语气较重。因与荥阳汜水、方顶等为邻，故与荥阳口音接近。

称谓：

老老爷——曾祖父

老奶——曾祖母

达（音）、伯——父亲

婆子——丈夫的母亲

当家的、外手人、掌柜——丈夫

秀子、家里的——妻子

条川（音）——诸女婿互称

客（音“kai”）——客人

先儿——医生

人体部位：

低脑——头

刺麻糊（音）——眼屎

鼻窟窿儿——鼻孔

嘴水——口水

麦收　邵保华　摄

收割油菜　邵保华　摄

脖儿梗——颈椎

不老盖儿——膝盖

胳老肢——腋窝

婚丧事：

好儿——吉利日子

打发客（音“kai”）——嫁女儿

老了、走了——去世

扔了、扳了（音）——婴幼儿夭折

殇了——青壮年死亡

土料、木头、喜木、大棉袄——棺材

抬重——抬棺材

疾病：

不得勒、不得劲、不舒坦、不自在哩——生病

寻先儿——看医生

槽堆——指牲口不想吃草或小孩不想吃饭；也指不好好干活

打桩桩儿——家禽没精神的状态

冒肚——拉肚子

风发、冻着了——感冒

鸡宿眼——夜盲

接刚（音）——吃多了

事物名称：

秫秫儿——玉米

高秫秫儿——高粱

芫荽——香菜

勺菜——上海青

老古龙（音）——蝉的幼虫

马唧嘹——蝉

长虫——蛇

蝎虎——壁虎

月奶奶——月亮

响呼雷、打呼雷——打雷

滴星儿、蒙僧雨、箩面雨儿——小雨

窟窿雨——阵雨

冬凌——冰

时间：

年色儿（音）——去年

阵则儿（音）——现在

前儿——前天

今儿——今天

夜儿——昨天

明儿——明天

后儿、后意儿（音）——后天

半夜黑地——三更半夜

清到——清早

擦黑——傍晚

才将、将将儿——刚才

日常行为：

斯跟——同行

格气——闹别扭

日刮、日过——数落、批评

吭气儿——说话

吃家司——吃亏、受伤

糙气——不满、生气

使死了——累极了

腔势人——欺侮人

张精——形容人爱出风头，或小孩说

大人话

絮哩很——太唠叨

抹光——奚落、嘲讽

捕拉——用手拍

老鳖一——吝啬鬼

徐乎——注意

摸楚——动作迟缓

肉——办事慢，行动迟缓

木（没）成色儿——没本事

揞（wěng）——推

搁不住——不值得

当瓜儿、当门儿——故意

低瓜皮——没骨气、低三下四

不识闲儿——勤快、爱劳动、忙得没有歇的时间

白活——指教，家长教育小孩子

农 谚

秋分早，霜降迟，寒露种麦正当时。

枣芽发，种棉花。

能种四月土，不种五月墒。

麦收一张耧，秋收一张锄。

清明前后，种瓜种豆。

清明早小满迟，谷雨种花正当时。

大麦不过小满，小麦不过芒种。

惊蛰不耙地，好似蒸馍跑了气。

麦盖三层被，头枕油馍睡。

五黄六月争回楼。

谷间一寸，强似上粪。

种地不上粪，等于瞎胡混。

粪是农家宝，庄稼离不了。

庄稼一枝花，全靠粪当家。

扫帚响，粪堆长。

粪堆下边有新粮。

气象谚语

星星眨眼，有雨不远。

星星稠，雨滴流。

蚂蚁搬家，雨水哗哗。

八月十五云遮月，正月十六雪打灯。

塔山带帽，长工睡觉。

黑云遮太阳，到不明后响。

鸡子不宿窝，明日没好天。

早看东南，晚看西北。

久旱西风雨，久雨西风晴。

久雨满星光，明日水汪汪。

雷大雨滴稀，闪大雷声急。

夜晴没好天。

早上朵朵云，中午晒死人。

云从东北起，必定有风雨。

云彩往东，一场空；云彩往西，关公骑马披蓑衣；云彩往南，水涨潭；云彩往北，摊麦堆。

歇后语

上楼梯吃甘蔗——步步高，节节甜。

狮子尾巴摇钢铃——热闹在后头。

钢珠落进铁盘里——当当响。

一人一把号——各吹各的调。

丈二的和尚——摸不着头脑。

一枪扎死杨六郎——没戏唱了。

二分钱的买卖——本小利薄。

黄鼠狼给鸡拜年——没安好心。

八仙桌上放盏灯——明摆着。

刀切豆腐——两面光。

三九天穿单褂——抖起来了。

三月里扇扇子——满面春风。

大水冲了龙王庙——一家人不认得一家人。

大闺女出嫁——头一回。

马尾串豆腐——提不起。

隔门缝看人——看扁了。

乌龟壳上贴广告——牌子硬。

石狮子跳舞——跳不起来。

甲鱼吃甲鱼——六亲不认。

生姜脱不了辣气——本性难改。

白骨精演说——妖言惑众。

老鼠钻到风箱里——两头受气。

冷水烫鸡——一毛不拔。

张飞战关公——忘了旧情。

独木桥见仇人——冤家路窄。

饺子破了皮——露馅。

秋后的蚂蚁——蹦跶不了几天。

诸葛亮用兵——虚虚实实。

做梦吃饺子——光想美食（事）哩。

新出笼的馒头——热气腾腾。

瞎子点烛——白费蜡（了）。

外甥打灯笼——照旧（舅）。

唐僧念佛——一本正经。

樊梨花走娘家——一去不回头。

飞机上放鞭炮——想（响）得高。

山巅上吹喇叭——名（鸣）声远扬。

土地爷洗脸——失（湿）面子。

八十岁老人打哈欠——一望无涯(牙)。

钟馗开饭店——鬼不上门。

金弹子打鸟——得不偿失。

高射炮打蚊子——大材（才）小用。

石狮子屁股——没门儿。

搬梯子烧香——高庙（妙）。

闺女穿她娘的鞋——老样。

瞎子摸锅沿——一圈尽铁（贴）。

正月十五贴门神——晚半月。

犍牛掉井里——有力使不上劲。

周瑜打黄盖——一个愿打,一个愿挨。

卖个孩子买合笼——不蒸（争）馒头蒸（争）口气。

名人与名镇

程 本

程本，字子华，春秋时晋国人，自号程子。学识渊博，擅长辩论，聚徒著书，名闻诸侯。时赵简子秉政，致书请之为官，本退让不就，离之去齐，馆于晏婴，更称子华子。孔子遇之于郯。称其为天下贤士。年老归晋，隐居于巩东石臼泉（在现米河镇双楼村），著有《子华子》，行于世。

程廷选

程廷选（1880—1944 年），字公甫，男，汉族，米河双楼村程寨人。家中弟兄五人，排行第四，人称“程四先儿”。抗日战争爆发后，程廷选不顾年近花甲，率青年操练。虽得不到国民党政府支持，但仍养精蓄锐，枕戈待旦。1944 年 4 月 24 日，日寇入侵米河地区，在程寨防御战中，他带领民团打死打伤日伪 60 多人，后因众寡悬殊被俘。日寇用大庙门和巨石将他活活压死，时年 64 岁。当年 4 月 30 日，《新华日报》第二版报道：“4 月 24 日，巩县米河陈姓（系程姓之误）带领民团痛歼 60 余名敌寇。”此消息极大鼓舞了民众的抗日信心。

程廷选 米河镇人民政府 供图

余明礼

余明礼（1891—1945 年），又名余科，男，汉族，出生于密县尖山乡一个农民家庭，后迁居米河乡水头大路坡。余明礼是米河第一位共产党员。1938 年春，在荥阳肖寨皋阳中学秘密加入中国共产党地下组织，积极开展活动，动员 20 多名青年接受党的教育，多数成为抗日的中坚力量。

余明礼 米河镇人民政府 供图

余明礼勤俭持家，为人正直，乐于助人。1942 年米河地区闹饥荒，他倾家中所有，带领村民到密县买回粮食赈济灾民，渡过难关。

1944 年 9 月，豫西抗日先遣支队三团进驻余明礼家，他公开共产党员身份，积极配合八路军工作，协助筹集粮食、布匹等。巩县抗日民主政府成立后曾任荥阳、巩县、汜水、密县、登封五县农会主席、巩县联救会副主席和巩县抗日第一区农民协会副主席等职。1945 年农历 8 月，豫西抗日先遣支队南下后，余明礼被叛徒出卖，伪大队长贺士昌带领地方反动武装突闯大路坡，余明礼不幸被捕，受尽酷刑，坚贞不屈，壮烈牺牲，时年 54 岁。中华人民共和国成立后，余明礼被追认为烈士。

马喜国

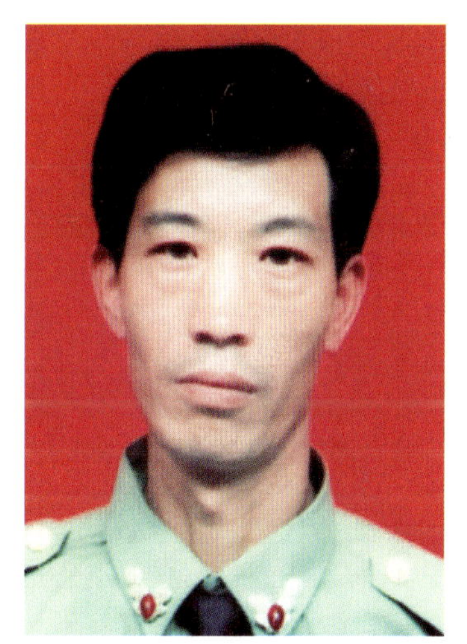

马喜国 米河镇人民政府 供图

马喜国（1951—1994 年），男，汉族，米河镇半个店村人，中共党员，生前是巩义市公安交巡警大队民警。1985 年参加公安工作，先后任河南省巩义市公安局米河派出所民警、巩义市公安局交警大队二中队民警。1992 年加入中国共产党，二级警司。1994 年 11 月 12 日下午，与战友在押送一交通肇事者途中，嫌犯王三军企图跳车逃窜，马喜国对其严厉警告并上前阻止，王从怀中掏出一自制手榴弹，拉开引线。为保护战友的安全，马喜国毫不畏惧，奋不顾身扑向嫌犯，身负重伤，经抢救无效壮烈牺牲。1995 年 1 月 13 日，公安部追授马喜国全国公安战线一级英雄模范称号。河南省委、郑州市委、巩义市委先后下发了关于向马喜国同志学习的决定，中原大地掀起热爱英雄、学习英雄热潮。同年 2 月 26 日，马喜国入选首届“巩义市政法十杰”。后入选巩义市改革开放 30 年最具影响力人物。

烈士名录

按牺牲时间先后排序						
姓名	性别	出生年月	籍贯	参加革命/参军年月	入党/团年月	牺牲年月、地点
赵景妮	男	1928年6月	赵岭村	1944年		1945年；登封唐庄
张显成	男	1924年5月	苇园村	不详		1945年；不详
马　升	男	1926年	两河口村	1944年10月		1945年；地点不详
赵保安	男	1925年	草店村	1944年10月		1945年；方城县城
张长有	男	1923年	草店村	1944年12月		1945年；湖北省
赵改性	男	不详	草店村	1944年10月		1945年；米河草店村
马　汉	男	1919年	米南村	1944年9月	1960年追认为党员	1945年；荥阳县
张久令	男	1923年	魏寨村	1944年		1945年；禹县
马福五	男	1926年	米北村	1944年10月		1945年3月；唐河县
王东海	男	1918年	高庙村	1944年10月		1945年4月；荥阳庙子
马　水	男	1919年7月	水头村	1944年10月		1945年4月；荥阳竹川
张振宝	男	1916年	苇园村	1945年		1945年5月；巩县涉村洪河村
雷　海	男	1900年	苇园村	1943年		1945年5月；巩县新中琉璃庙沟
李汉林	男	1927年6月	水头村	1944年10月		1945年5月；巩县新中琉璃庙沟
张改林	男	1927年6月	水头村	1944.10		1945年5月；巩县新中琉璃庙沟
张六成	男	1923年3月	铁山村	1944年10月		1945年5月；巩县新中琉璃庙沟
张新有	男	1919年5月	水头村	1944年10月		1945年5月；巩县新中琉璃庙沟
张应忠	男	1908年6月	水头村	1944年10月		1945年5月；巩县新中琉璃庙沟
张长明	男	1921年11月	支锅石沟村	1945年春		1945年5月；巩县新中琉璃庙沟
王　五	男	1925年2月	魏寨村	1945年2月		1945年6月；巩县新中琉璃庙沟
赵深有	男	1914年	草店村	1944年10月		1945年6月；巩县新中琉璃庙沟
赵湘云	男	1911年	草店村	1944年10月		1945年6月；巩县新中琉璃庙沟

续表

按牺牲时间先后排序						
姓名	性别	出生年月	籍贯	参加革命 / 参军年月	入党 / 团年月	牺牲年月、地点
宋国强	男	1927 年 3 月	小里河村	1945 年 5 月		1945 年 7 月；巩县新中琉璃庙沟
王　报	男	1921 年 1 月	小里河村	1945 年 5 月		1945 年 7 月；巩县新中琉璃庙沟
王赖孩	男	1922 年 2 月	小里河村	1944 年		1945 年 7 月；巩县新中琉璃庙沟
王启元	男	1926 年 10 月	擲刀泉村	1944 年 10 月		1945 年 7 月；遂平县
程红军	男	1904 年	刘源沟村	1944 年		1945 年 8 月；地点不详
张四毛	男	1918 年 6 月	水头村	1944 年 10 月		1945 年 8 月；巩县茶店村
马　三	男	1928 年	米北村	1945 年 3 月		1945 年 8 月；巩县琉璃庙沟
马保住	男	1925 年 8 月	半个店村	1945 年 8 月		1945 年 8 月；巩县新中琉璃庙沟
张　营	男	不详	东竹园村	1944 年		1945 年 8 月；米河西竹园
程保成	男	1926 年 4 月	米北村	1944 年 9 月		1945 年 8 月；米河支锅石沟
张保印	男	1923 年	魏寨村	1944 年		1945 年 8 月；禹县
余明礼	男	1889 年	水头村大路坡	1938 年	1938 年入党	1945 年 9 月；米河水头村
马连奎	男	1913 年 7 月	米南村	1945 年 2 月		1945 年 10 月；米河高庙村
张　广	男	1900 年	米南村	1945 年 2 月		1945 年 10 月；米河高庙村
张文成	男	1925 年	菜园村	1944 年		1945 年 10 月；荥阳马固
张志英	男	1917 年	高庙村	1944 年 10 月		1945 年 10 月；正阳县
马　申	男	1925 年 12 月	米北村	1944 年		1946 年；登封县
周俊英	男	1910 年	苇园村	1945 年 8 月		1946 年 2 月；渑池县千秋区
张新治	男	1925 年	水头村	1944 年 10 月		1946 年 5 月；山东省石榴山
程继昌	男	1922 年	双楼程寨	1944 年 10 月		1946 年 8 月；江苏省高邮县
张守仁	男	1918 年	双楼村	1945 年 2 月		1946 年 9 月；开封市
马春来	男	1928 年	米南村	1945 年 2 月		1946 年 11 月；江苏省涟水县
王元林	男	不详	小里河村	1945 年 8 月		1947 年 3 月；不详
赵金有	男	1912 年	水头村	1945 年 1 月		1947 年 12 月；巩县小关
王永富	男	1922 年	高庙村	1944 年		1948 年；陕西澄城县永峰镇
杜玉明	男	1925 年	高庙村	1945 年 8 月		1948 年 3 月；山西省太原市

续表

按牺牲时间先后排序						
姓名	性别	出生年月	籍贯	参加革命/参军年月	入党/团年月	牺牲年月、地点
马西方（马心爵）	男	1926年12月	米北村	1945年5月		1948年4月；山西省临汾市
吴金喜	男	1926年	魏寨村	1947年5月		1948年8月；山西省平陆县
马　安	男	1925年	擲刀泉村	1944年10月	1948年3月入党	1948年9月；辽宁省张家山
韩毛须	男	1929年	半个店村	1948年3月	1948年入党	1948年11月；淮海战役
张海群	男	1917年	菜园村	1944年		1949年；山西太原
王贵升	男	1926年	水头村	1945年3月	1946年入党	1949年2月；嵩县德定
王发群	男	1922年	小里河村	1947年		1949年5月；浙江省东阳县
张振伦	男	1930年	菜园村	1944年12月		1949年7月；山西省宝鸡市
韩拴紧	男	1916年	小里河村	1945年		1949年12月；安徽省
马成龙	男	1926年7月	米北村	1944年		1950年5月；四川省荥经县
张文松	男	1927年4月	苐园村	1944年10月		1951年；朝鲜战场
杨保国	男	1928年2月	米北村	1949年3月		1952年6月；巩县孝义物资库
张红恩	男	1930年	水头村	1951年2月		1953年；朝鲜战场
马三红	男	1933年	两河口村	1952年9月		1953年7月；朝鲜战场
宋福音（宋小五）	男	1930年5月	小里河村	1946年		朝鲜
楚战彪（嵩山）	男	1910年	水头村	1937年1月	1937年入党	1967年；地点不详
赵铁锤	男	1958年	草店村	1977年1月	1978年10月入团	1977年1月；对越自卫反击战
苌应国	男	1950年11月	水头村	1973年1月	1977年2月5日追认党员	1977年2月；确山县南山
张青义	男	1957年	双楼程寨	1977年1月	1975年8月入团	1979年3月；对越自卫反击战
马喜国	男	1951年	半个店村	1985年10月	1992年入党	1994年11月；310国道米河段

大事记

LOCAL RECORDS OF MIHE

明洪武年间，全县划分九保二十九里，泥河（米河）属赵封保。

清道光元年（1821年），巩县划分为仁、义、礼、智、信五里、每里各分十甲，米河属仁里。

清光绪三十二年（1906年），崇仁高级小学在米河福昌寺内开办。

1938年5月，水头村大路坡人佘明礼，经皋阳中学地下党组织批准，加入中国共产党，成为米河最早的共产党员。

1944年9月，豫西抗日先遣支队进入巩县，支队老三团进驻米河地区。

1945年5月，米河区第一个党支部建立，发展党员20人。

1945年7月，崇仁中学成立。

1948年4月8日，解放军进驻崇仁乡，米河解放。

1948年5月13日，荥汜广人民政府在米河成立；同日，荥汜广第一区政府建立，辖米河、新中、小关、刘河、崔庙、竹川、高山等地区。

1948年10月，荥汜广第一区政府撤销，米河、新中、小关归属巩县，建立米河区，也称第八区，办公地点在小关前门。

1949年10月，巩县税务局在米河区设立税务所。

1950年3月23日，米河区召开农代会，成立区农民协会。

1953年，米河区撤销，成立第十区。

1953年6月，第一次全国人口普查，米河区总人口34733人。

1954年春，米河区第一个农业初级社——马二孩农业生产合作社成立。

1955年9月，撤区并乡，米河地区建立米河、铁山两个中心乡。

1956年7月，巩县第八初级中学正式成立。

1957年1月，实行乡级整编，恢复小关区建制，米河属小关区。

1958年8月，米河小关两区所辖的26个乡，合并建立新中人民公社。

1958年11月，上街铝厂至小关矿山铁路专用线建成通车，米河境内长7千米，设2个车站。

1959年1月，米河随新中人民公社划归郑州市上街区管辖。

1961年7月，新中人民公社分为小关、米河、小里河、新中、茶店5个小公社。

1963年9月20日，米河人民公社召开第五届人民代表大会，小里河人民公社22日召开。

1964年6月，原由上街区管辖的米河人民公社、小里河人民公社归属巩县管辖。

1965年2月，开封专署批准米河人民公社和小里河人民公社合并，成立米河人民公社。

1966年7月，巩县第一水泥厂在水头村建成投产。

1968年1月，经开封地区革命委员、开封军分区党委、巩县革命委员会批准，米河人民公社革命委员会成立。

1971年6月，中共米河人民公社革命委员会召开第二次党代表大会。

1973年2月，巩县第八高级中学成立。

1975年5月，新中、米河、小关三公社联建化肥厂建成投产。

1976年，米河人民公社从米河老集搬迁到两河口新址。

1978年10月，米河人民公社成立工商行政管理所，主管米河、新中两地业务。

1980年，巩县革委会把米河划为老革命根据地。

1982年1月，实行生产责任制，取消工分，土地承包到户。

1983年12月，米河人民公社第六届人民代表大会第三次会议召开。

1984年1月，各大队进行体制改革，大队改为行政村，分别建立村民委员会，并建立经济联合社。

1987年5月，米河乡联营水泥厂建成投产。

1987年7月，米河镇两相流泵厂的两相流泵荣获国家科学技术进步三等奖。

1990年2月，经河南省人民政府批准，米河撤乡建镇。

1990年3月20日，米河镇第九届人民代表大会召开（也是撤乡建镇后的第一届镇人民代表大会）。

1991年6月，米河镇两相流泵厂两相流泵、联营水泥厂425号硅酸盐水泥获部优产品称号。

1992年1月，米河教育差转台开播。

1992年3月，米北村荣获巩义市“明星村”、米河联营水泥厂荣获巩义市“明星企业”称号。

1993年11月，米河镇在“郑州市乡镇综合实力30强”中排第3名。

1994年，米河镇被河南省建设厅命名为“中州名镇”。

1994年9月，河南长城鑫旺铝业有限公司电解铝生产线建成投产。12月建成有线电视闭路系统。

1995年，米河教育差转台更名为米河广播电视差转台。

1997 年 7 月，河南鑫旺集团以全国第 165、全省第 3 的排名，入选全国 1000 家最大规模乡镇企业。

1997 年，小里河村被河南省委、省政府命名为社会主义市场经济条件下新崛起的农村十面旗帜之一。

1998 年 8 月，米河镇办工业学校建成投入使用。

1998 年，河南鑫旺集团董事长张春旺作为“改革开放 20 年 20 人”被中央电视台报道。

1999 年，米河镇被国家建设部命名为全国小城镇建设示范镇。

2000 年 4 月，米河镇全镇实现村村通广播电视。

2000 年 8 月，巩义市第八高级中学挂牌成立，这是全省第一所由乡镇财政独资兴办的高中。

2002 年 5 月，首届河南曲艺节在米河镇小里河村举行。

2002 年 6 月，米河镇被评为中国农村强乡镇。

2003 年 12 月，米河镇顺利通过了省级卫生镇的验收，被确定为河南省卫生镇。

2003 年 4 月，河南省首届鼓曲唱曲大赛在米河镇小里河村举行。

2004 年 2 月，米河镇被建设部、国家发展改革委、民政部、国土资源部、农业部、科技部批准为全国重点镇。

2006 年，米河镇创成全国卫生镇。（2010 年、2014 年、2017 年 3 次通过复验。）

2006 年 5 月，米河镇、米河镇东竹园村荣登河南省“中州名镇”“中州名村”榜首。

2007 年 5 月，米河镇获得“河南省精神文明创建工作先进镇”荣誉称号。

2007 年 11 月，米河镇双楼村程家大院入选河南省古代暨近代民居民间建筑保护名录。

2009 年 3 月，米河镇获得河南省“民间文化艺术之乡”荣誉称号。

2002 年首届河南曲艺节在米河镇小里河村举行　米河镇人民政府　供图

2004 年河南省“鑫旺杯”河洛大鼓大赛在米河镇举行　米河镇人民政府　供图

美丽新米河　王河宁　摄

2009年11月，米河镇被国家住房和城乡建设部确定为“国家建设部工程项目带动村镇规划实施试点镇”，为河南省唯一入选乡镇。

2010年3月，米河镇被河南省住房和城乡建设厅确定为“河南省首批园林镇”。

2012年，米河镇广播电视站采用数字化技术传播120套数字电视3套和高清电视节目。

2014年，米河镇高庙村调委会被河南省司法厅确定为“省级优秀调委会”。

2016年5月，总投资400亿元的正商十里香山项目正式签约。

2016年9月，总投资30亿元的民安明月旅游度假区项目正式签约。

2017年7月，总投资100亿元的嘉和观澜温泉度假区项目正式签约。

2019年6月，赵岭社区22栋楼700套房屋完成竣工，交付群众入住。

2019年12月，两河口村获得“河南省文明村”荣誉称号。

口述史

LOCAL RECORDS OF MIHE

我和家乡小里河

口述：张春旺

整理：王喜来　赵启明

我叫张春旺，中共党员，出生于1955年3月，是土生土长的小里河人。在这65年的人生中，经办企业40余年，算是人们口中的“企业家”吧。

我的父母都是老实本分的农民，小时候家里很穷，因兄弟姊妹多，总是吃不饱饭。记得上初中的时候，别人送给父亲一身旧劳动布工作服，父亲不舍得穿，让我上学穿。这身衣服，修修、改改、补补一直穿到高中毕业。恰恰是这样的生活造就了我不怕吃苦，不满足于现状，敢于拼搏的性格。18岁高中毕业回村，大家推选我当上了400多口人的生产队长。1976年5月，我光荣地加入了中国共产党，同年8月，被提拔为村党支部副支书，那年我21岁。

2005年小里河村第五届村委会选举大会　赵启明　摄

1978 年改革开放后，放活了经济，我买了个织毛衣机做毛衣生意，后又投资办了一个红砖厂。80 年代初，我家买了我们村第一台电视机。我琢磨着，国家倡导允许一部分人先富起来，我就想一个人富不算富，带动更多的人共同致富才幸福。这奠定了我走共同富裕路的梦想。

1985 年，我从中国河南有色公司引进 476 万元，带领部分村民不计较工作时间长短，不计较工作环境好坏，不计较待遇高低，不分昼夜苦干，不到一年就建起了巩县石墨电极厂。投产后，第一年就收回了投资，纳税 110 万元。

1992 年邓小平南巡讲话给了我巨大的鼓舞。1993 年，我与河南有色公司合作创建了河南长城铝业鑫旺有限公司，年产铝锭 1.8 万吨。当时在全国还没有农民办铝厂的先例。1998 年 1 月，我们又建成了年产 5 万吨电解铝生产线，成立了河南鑫旺集团公司。1999 年底，鑫旺集团固定资产规模近 20 亿元。年产铝锭 4.5 万吨，碳素制品 5 万吨，销售收入超 10 亿元，纳税上亿元。

鑫旺集团的建立，解决了小里河人的就业问题。村民们通过进厂做工，摆脱贫困，实现温饱，迈向了小康。我深知，鑫旺集团能顺利发展离不开党的关怀，离不开小里河父老乡亲的大力支持。为了鑫旺的发展，小里河人几度搬迁祖坟从无怨言，这让我非常感动。鑫旺发展了，我想着该做些实事了。从 1996—2002 年，鑫旺集团先后投资小里河村水、电、路基础设施工程、资助村委会公益事业等投入 2512 万元，修建村民公寓 21 栋，供 630 户村民居住。投资修建了初中、小学、幼儿园、文化广场及华丰园三星级酒店。小里河村容村貌大为改观，被评选为河南省文明村。从 1996 年开始，小里河的残疾人、特困家庭每月从公司领取 300 元的生活费，一直到国家低保政策在农村落实才停止；从 1998 年开始，小里河 60 岁以上的老人每月发 100 元的养老金。从 2001 年开始，我们在小里河连续 3 年举办了“河洛大鼓擂台赛”“河南首届曲艺节”“七一建党节心连心”等省级大型文艺演出活动，通过这些大型活动，小里河的集市贸易兴了起来。每年定期举办道德讲堂，开展好媳妇、好婆婆、好家庭活动。

我深知教育对发展的重要意义，一直想为米河的教育做点什么。2001 年 8 月，鑫旺集团投资 2300 万元在小里河村新建了“巩义市第八高级中学”。2002 年 8 月，新八中开始招收学生。看到学生们坐在宽敞明亮的教室里读书学习，我心里说不出来的高兴。2004 年，我自掏腰包设立“春旺教育基金”，用来奖励资助优秀或贫困的学子，多年来共为 102 人次发放了 89 万元。

从 1994—2012 年底，鑫旺集团共纳税 3.06 亿元，为公益慈善事业捐款 3.4 亿元。至 2016 年底，为小里河村民缴纳合作医疗费 282 万元。至 2017 年底，为小里河村民发放各种福利 1839 万元，为小里河村 60 岁以上老人发放养老金 980 万元。我做的这些事，为我带来了很多荣誉。30 年来 5 次获得巩义市政府颁发的“捐资助教先进个人”功德匾。先后当选河南省第七届党代表、河南省人大代表、被授予“河南省优秀共产党员”“河南省劳动模范”等称号。鑫旺集团先后被农业部命名为“全国乡镇企业集团”“全国乡镇企业示范区”“全国乡镇企业出口创汇先进单位”“河南省重点保护企业”等。1997 年中央电视台“人在 97”栏目对我进行了专题报道，1998 年入选中央电视台“改革开放 20 年 20 人”。

2017 年，党的十九大提出实施“乡村振兴”战略，巩义市委市政府围绕绿水青山就是金山银山的发展理念，提出打造宜游、宜居、宜业的美丽新巩义。鑫旺集团产业群属于资源型企业，应该以大局为重，牺牲掉自己苦心经营 40 多年十几个亿的十几家公司，能为 5000 多村民办点好事，也是值得的。于是我没有等心脏搭桥术完全康复，就忍痛割爱配合政府将我的企业爆破拆除，为的是让我们村的群众过上好生活。我有幸地被评为 2017 感动巩义人物，当电视台记者采访我家是哪里？我说我家小里河。家里有谁？我说我家 5000 口人。我就把自己当成 5000 口人的大家长，这也是我的心里话。

如今两年多过去了，烟囱林立的工厂和良莠不齐的村庄已全部拆除。生态农业、酒店度假、生物科技、清洁能源等绿色产业应运而生，一个高标准现代化的小里河新居正在红红火火中建设之中。能为建设美丽新巩义出点力，能让小里河人过上好生活，想到这些，睡觉做梦都是香甜的，作为党培养多年的共产党员付出自己的一切都是值得的。

我的创业历程

口述：张林池

整理：郑培佑

我叫张林池，中共党员，1943 年 2 月 24 日出生于铁山村。当时河南灾情严重，听家里老人说，我是靠红枣养活的。

1944年，我父亲被日本鬼子抓走，从此音讯全无，母亲一人撑起了家。终年劳累使母亲的身体病痛不断，过早地离开了我们。那时我已经上学了，学习成绩优秀，业余时间我去陇海铁路工地上卖过鸡蛋、甘蔗、柿饼等食品，贴补家用。

20世纪60年代末，我和几个人办起了铁山酱品厂。为了找销路，到青海、甘肃、新疆等地推销，产品销路不错。后来，办起了耐火材料厂，村办工业的发展给农业增加了投入，给农民带来了希望。初战告捷，我真正领悟到了无农不稳、无工不富的深刻含义。

1979年，我被调到巩县第一机械厂任支部书记。当时的机械厂处于半停产状态，为了企业发展，我和厂长跑产品、找项目，上马了建筑机械，投产当年就使机械厂扭亏增盈，工厂形势迅速好转。我深深懂得，企业生产必须要生产一代、储备一代、研制一代，只有这样才能使企业永远处于不败之地。于是先后拜访了北京师范学院陈益秋教授和水电部蔡保元高工，引进了两相流理论，组织力量攻关，解决技术、材质、资金等困难，外引内培，在不到100天的时间内，成功开发出了两相流杂质泵，填补了国内空白。该产品先后获得国家“七五”计划科技成果博览会金奖、世界博览会金奖，被列为国家第13批节能产品，国家轻工业部优质产品，国家轻工业部河南名牌产品。

两相流泵厂　米河镇人民政府　供图

1993年，我转战贵州，接手都拉营水泥厂，成立银都公司，通过多种经营方式实现了企业集团化经营。后又在贵阳市区建起高效农业示范园，成为当地发展城郊型农业的“领头羊”。在贵州期间，我始终惦念家乡父老，每年“七一”和春节，我都回乡走访慰问村里的老党员和贫困户，发放慰问金、物资等累计20余万元。2000年，捐资10万元助力巩义八中小里河新校区建设，出资10万元设立铁山村教育基金。2003年，出资30万元新建铁山村大桥。2006年，出资30万元在310国道米河段架设路灯80架。

我做的事得到了群众的肯定和赞扬，多次获得郑州市、巩义市优秀企业家和优秀共产党员称号。1987年获得国家科学技术进步奖；1989年获得河南省劳动模范称号；2001年获得河南省乡镇企业科技进步先进工作者称号；2002年获得第二届河南省优秀民营科技实业家称号。

米河农业的发展变化

口述：李有成

整理：窦文锋　马君瑞

我叫李有成，中共党员，今年64岁，米河镇米南村人，曾在米河公社农技站、米河乡政府、米南村里干过。

米河镇属于浅山丘陵地区，土地瘠薄，可耕地少。在改革开放前，米河农业生产方式比较落后，耕地主要靠牲口，播种靠拉耧，收获靠人工，脱粒靠石磙，群众吃的主要是玉米、红薯、米糠等，白面只是搭配。小麦主要用来交公粮，在留足饲粮、种子的基础上，剩余按人头、工分分配，一家三四口人一年仅能分一百多斤小麦，日子过得比较苦。

改革开放后，实行土地承包，还接连延续承包期等政策，极大调动了农民种地积极性，粮食产量逐年提高，大部分农户存粮能吃3~5年，主食也由粗粮变为细粮。

1982年，公社管委决定，派人到海南岛进行玉米制种。在省农科院的引荐下，公社派人到山东玉米研究所购回玉米自交系，当年12月去海南播种。1983年4月，收获15000斤玉米“掖单二号”优良品种，按大队分配。当年种植3000多亩试验示范田，亩产平均八九百斤。《河南科技报》《山东科技报》都进行了报道。

1984年，利用掌握的玉米制种技术，分别在半个店村4组、米南村8组，各选择2亩优质良田，进行玉米高产栽培试验。通过河南省农科院、河南农学院专家及巩县农业局、农技站、科委等单位实地验收，玉米优良品种“掖单二号”在米河公社高产试验达到亩产1320斤，是米河乡玉米产量历史之最，突破巩县历史最高纪录，被巩县科委评为科技成果一等奖。

从1984—2000年，我们每年都引进玉米、小麦、红薯、油菜、蔬菜等优良品种，在全镇进行小面积试验、中面积示范、大面积推广，为粮食丰收打下了良好基础。

2007年，实行退耕还林，树苗国家补贴，林地管理给补助，全镇先后退耕还林2万多亩，不但提高了土地利用率，还增加了农民收入，改善了生态环境，一举三得。

米河从2010年开始实行玉米和小麦秸秆还田。以前收割靠人工，秸秆无处堆放，放火焚烧，现在机械化作业，秸秆还田，土地深翻，对改良土壤、改善大气环境起到良好作用，深受广大农民欢迎。

双楼玉米田 赵启明 摄

米河镇区的变化

口述：王德昭

整理：窦文锋　马君瑞

我叫王德昭，中共党员，是一名退休教师，一直在米河工作生活，见证了镇区的发展变化。米河镇党委、政府机关，原来设在米河老集的马家祠堂，1976 年搬到现在的两河口所在地。

古老的米河老集，只有一条百米短街，交通不便，地域狭小。米河公社所在的马家祠堂年久失修，破败不堪，且面临一条从东向西的河道，每到夏季经常受到洪水侵袭。米河公社党委先后在米北南花园、米南北城岭下选址，几经周折，最后决定在地势开阔、交通便利的两河口湾动工。公社征地 17 亩，供销社征地 30 亩，公社新址于 1975 年奠基。

1979 年，米河供销社两层商业综合大楼落成，1980 年开始营业。随后，派出所、税务所、工商所、工业公司、教育办公室、卫生院等单位相继搬迁至两河口。1982 年，影院大礼堂建成投入使用，人们有了聚会、娱乐活动的场所。1993 年，邮电综合大楼动工，1994 年投入使用，万门程控数字电话开通，为米河镇的发展注入了新的活力。

如今的米河镇区，围绕镇政府，周边有时代广场、兴业花园、竹园、两河口、海宏、平安、心悦、怡乐小区等 10 多个居民社区，楼房 200 多座，常住人口 2 万多人。有怡乐园、百树园、滨河路景观带供人休憩。有小学 1 座，幼儿园 3 个，书声琅琅。

商业繁荣，门类齐全，服装、餐饮、摄影、装修装饰、教育培训等应有尽有，人气旺盛，约有三分之一为外地人在此设立商铺。行政路金好来超市、益民路东方红超市、时代广场如海超市，商品齐全，物美价廉。

米河至巩义、米河至茶店、米河至魏寨、上街至米河城乡公交班车，往来穿梭，出行方便快捷。附近新中、小关、大峪沟乃至荥阳刘河、高山的人们常到米河来购物消费。米河特色烩面也由于米河商业的繁荣，往来食客众多，名声大噪。

米河镇区　王河宁　摄

米河教育的发展变化

口述：焦贵宝
整理：赵启明　马君瑞

我叫焦贵宝，今年58岁，中共党员，1981年7月参加教育工作，曾先后担任米河一中、米河四中教师、教导主任、校长等职务。

1984年8月，米河公社教育委员会成立，负责米河镇中小学、幼儿教育工作。1985年9月10日，全国庆祝第一个教师节，这一年米河乡教育组被评为先进单位，受到县教育局的表彰和奖励，米河教育尊师重教蔚然成风。

1990年，米河中小学民办教师全部实现工资统筹，调动了教师教学的积极性。20世纪90年代，为提高教师队伍素质，米河镇全部免收新招教师上岗费，并到全省师范院校招录高素质人才。米河镇先后4次为教师建家属楼、周转房，解决教师的后顾之忧。

1997年，米河镇23所中小学在全市率先实现了校舍楼房化。除了政府的支持，米河镇广大干部群众，尤其是企业家捐资助学功不可没。2000年8月，河南省第一座乡镇办的高级中学——巩义市第八高级中学举行隆重的开学典礼，在全省开创了镇办高中的新篇章。2002年8月，巩义市第八高级中学喜迁新校区（位于小里河村），其中河南鑫旺集团先后拿出2600万元用于巩义八中的新建。

2003年起，米河镇教育由镇主要领导分管，经常到学校了解学校实际困难，帮助解决问题。为了营造全社会尊师重教的良好氛围，每年镇里召开总结表彰会，都把教育单独设立奖项进行表彰。

2011年，米河镇成立教育基金会，先后筹措资金308万元，用于奖励为米河教育做出突出贡献的教师、考入全国重点大学的学生等。米河教育基金会成立后，米河镇的企业家们纷纷慷慨解囊。

米河的教学质量也从最初每年考入巩义重点高中几个人，到现在每年100多人；考入全国重点大学的米河籍学生每年突破百人大关。特别是从2005年以来，米河先后有10名学生被清华、北大录取。在几代教育人的栽培下，米河教育事业质量、数量上都发生了可喜变化。

米河镇教育老照片 米河镇人民政府 供图

走出深山脱贫奔小康的明月村

口述：马福治

整理：窦文锋 马君瑞

我叫马福治，今年 74 岁，中共党员，米河镇明月村人。我 1967 年 7 月参加工作，一直在村里当干部。

明月村位于米河镇南端的深山区，距离米河镇区 10 千米，可耕地少，自然条件差。新中国成立前，群众受尽了苦难，没吃没穿，出去逃荒要饭，也有饿死在外的。新中国成立后，在党的领导下，明月老百姓的生活水平有了很大改善。但由于环境限制，仍然摆脱不了贫困。群众住在山坡根，房子是石头垒砌，一到雨天，十有八九都过水。种地基本靠人背、肩挑，劳动强度大，效益低。去赶集步行到镇上，来回一趟最快也得多半天。住户都是烧柴做饭，平时吃水靠山泉水，一到旱天，挑一担水，要跑十多里远。明月村离附近的教学点远，孩子上学要跑十多里。由于这些原因，村里人能搬的都搬出去了，留下的男孩找不到媳妇，女孩都嫁到山外，人口急剧下降。

这些，俺明月村的领导看在眼里，急在心上，必须搬出深山，才能脱贫奔小康啊。

2011 年，村委开始筹建明月新村，在紧挨镇区的半个店村选址。2012 年动工，2014 年主体工程结束，2016 年全村整体搬到了明月新村。2018 年燃气通到了各户，2019 年暖气开通。新村内有文化广场、老年活动室、党员活动室、大彩屏、数字电视、老年日间照料活动中心、电梯、户户通……走出深山的明月人，从此过上了城里人的生活。

搬出深山后，群众的生活有了翻天覆地的变化，住上宽敞明亮的楼房，家庭干净整洁，彩电、空调、厨房各种电器，以前没有的现在都用上了，样样俱全。村庄原址引进的有大公司在开发旅游，有劳动能力的年轻人可以到老村参与项目建设，每天乘坐大巴车上下班，非常方便，收入也不低。

村里集体经济搞活了，给老百姓带来了实实在在的好处。村里每年都为群众免费体检，代缴或减免新农合费用。过年过节，村里发放米、面、油、肉、豆腐、白菜、萝卜、冰糖、月饼等。70

明月村传统民居之一 王向东 摄

明月村传统民居之二 马健 摄

岁以上老人每月发生活补助，春节发慰问金。每年重阳节，村里都要举行孝老爱亲活动，为老人送高档毛毯、电动按摩洗脚盆、羽绒服等生活用品。老年活动室有大彩电、象棋、羽毛球、跳棋等，村民们每天做健身操、跳广场舞、唱红歌，充满了欢声笑语。

参考文献

[1] 吴海禄，薄芝岩，任知时，等．巩县志．郑州：中州古籍出版社，1991.

[2] 王振江，孙宪周，贺宝石，等．史话巩义．郑州：中州古籍出版社，2007.

[3] 王双成．中国巩义神墨碑林．郑州：河南美术出版社，2011.

[4] 郅笃威，魏建邦，李建锋．巩义市志（1986—2005）．郑州：中州古籍出版社，2012.

[5] 张运兴．汜河人烟．郑州：中州古籍出版社，2016.

[6] 路培育．2018 巩义年鉴．郑州：中州古籍出版社，2018.

米河风光之一　王向阳　摄

米河风光之二　邵保华　摄

米河风光之三　马健　摄

建设中的新米河　王河宁　摄

编纂始末

为发挥地方志书“资政、教化、存史”功能，米河镇党委、政府根据郑州市地方史志编纂委员会《关于进一步做好郑州市名镇志、名村志、名街志文化工程的通知》郑志（2020）1号要求，于2020年4月成立米河镇志编纂委员会，安排专门人员组成编写小组和摄影小组，历时四个月时间，编写《米河镇志》，以开发利用地方志文化资源，传承乡土历史文化，保存乡土文化记忆，力求呈现米河镇人民不忘初心、牢记使命、锐意进取、开拓创新的精神风貌。

在郑州市、巩义市地方史志办的精心指导下，《米河镇志》从米河镇实际出发，按照历史文化名镇的规范，深入挖掘米河镇的历史文化底蕴，着力展现经济社会的发展特点和独特价值，详今略古，不循旧例，在篇目设置上力图有所创新，在语言风格上追求朴实简洁，图文并茂，通俗易懂。

在编纂过程中，郑州市史志办以及巩义市史志办多次到米河镇现场调研、指导，保证了《米河镇志》的顺利完成。

米河镇党委、政府十分重视《米河镇志》的编纂，党委书记秦飞多次对镇志编写提出要求，审核提纲。副书记郭维航、办公室主任白娜统筹协调各部门、各单位、各企业、各村提供资料，河南省作家协会会员张运兴、吴西京、王德昭老师合力支持镇志编写工作，巩义市摄影家协会提供了众多精美图片。在此谨向为本书付出辛勤劳动的所有人士致以衷心的感谢！

因本书所选照片及文章众多，部分作品未能在出版前及时联系到著作权人，请著作权人看到后与我们联系，我们将奉上稿酬。

镇志编纂工作，时间仓促，资料分散，加之理论水平有限，才疏学浅，虽潜心编纂，数易其稿，其错误和遗漏的地方在所难免，敬请社会各界和专家学者批评指正。

《米河镇志》编纂委员会

2020年10月